AF475741

LE PROCÈS

DE

JÉSUS-CHRIST

DERNIERS OUVRAGES DE M. AURÉLIEN SCHOLL

Hélène Herman........	1 vol
L'Outrage..	1 —
Scènes et mensonges parisiens..........................	1 —
Les Amours de théatre.....	1 —
Les Gens tarés..	1 —
Nouveaux Mystères de Paris............................	3 —
Les Amours de cinq minutes............................	1 —
La Dame des palmiers...........	1 —
Les Scandales du jour.................................	1 —

THÉATRE

Rosalinde, comédie.

Jaloux du passé, comédie.

Les Chaines de fleurs, comédie.

Les Effets de la foudre, comédie.

La Question d'amour, comédie.

L'Hotel des illusions, comédie.

On demande une femme honnête, comédie.

Le Repentir, comédie.

2751 — Corbeil, typ. et stér. de Crété.

AURÉLIEN SCHOLL

LE PROCÈS

DE

JÉSUS-CHRIST

PARIS

MAURICE DREYFOUS, ÉDITEUR

10, RUE DE LA BOURSE, 10

LE PROCÈS
DE
JÉSUS-CHRIST

Après l'interrogatoire de l'accusé, l'honorable organe du ministère public prend la parole en ces termes :

« Dès sa plus tendre enfance, Jésus manifestait des goûts antisociaux. Fils d'un honnête charpentier, il n'avait qu'à continuer la modeste profession de son père; mais sa nature ambitieuse devait l'entraîner hors de la bonne voie. Dès l'âge de douze ans, on le trouve abandonnant son père et sa mère pendant la fête de la Pâque, qu'ils avaient voulu passer à Jérusalem.

Ce n'est que trois jours après que ses parents éplorés le retrouvèrent dans le Temple, écoutant et interrogeant les docteurs avec une curiosité malsaine.

« Sa mère eut toutes les peines du monde à le ramener à Nazareth.

Nous le retrouvons plus tard en Galilée, où il s'était fait une certaine réputation.

Nazareth n'était pas un séjour digne de son ambition et il avouait lui-même qu'il n'y voulait pas retourner, parce qu'un prophète n'est pas honoré dans son pays.

Tous les auditoires lui étaient bons.

Les pharisiens et les conservateurs, voyant que Jésus mangeait avec des publicains et des gens de mauvaise vie, murmuraient et disaient aux disciples : « Pourquoi votre maître, et vous aussi, mangez-vous et buvez-vous avec des gens qui tiennent une mauvaise conduite? »

La réponse de Jésus, Messieurs, renverse absolument toutes les idées reçues.

Il répondit : « Ce ne sont pas les sains, mais les malades, qui ont besoin de médecin, car ce sont les pécheurs et non les justes que je suis venu appeler à la pénitence. »

Parmi les paroles qui tombent sous le coup de la loi, l'instruction a relevé les déclarations suivantes faites par Jésus, et à plusieurs reprises, devant de nombreux témoins :

« Bienheureux les pauvres d'esprit, parce que le royaume des cieux est à eux! »

(Il y a là une flatterie dangereuse à l'adresse des basses classes.)

« Bienheureux ceux qui sont affamés et altérés de la justice, parce qu'ils seront rassasiés ! »

(Il n'est pas difficile de trouver dans cette phrase, qui promet une justice posthume, l'attaque la plus directe à une magistrature que l'Asie entière nous envie !)

« Malheur à vous, riches ! parce que vous avez votre consolation dans ce monde ! »

(Excitation à la haine des citoyens les uns contre les autres.)

« Malheur à vous, qui êtes rassasiés, parce que vous aurez faim ! »

(Menace évidente contre les classes aisées et appel au pillage.)

Je pourrais, Messieurs, continuer ces citations, mais je craindrais d'abuser des moments du conseil. Il y a, du reste, bien d'autres chefs d'accusation que je vais mettre sous vos yeux.

Jésus-Christ attaque nos institutions en disant que « les docteurs de la loi chargent les hommes de fardeaux qu'ils ne sauraient porter... »

Il sape les fondements de la société, en disant que les classes dirigeantes sont « semblables à des sépulcres blanchis, qui au dehors paraissent beaux aux yeux des hommes, mais au dedans sont pleins d'ossements de morts *et de toute sorte de pourriture!* »

Dans toute la vie de cet homme, et dans toutes ses œuvres, on retrouve l'idée fixe du bouleversement social.

« Plusieurs de ceux qui auront été les premiers seront les derniers, et plusieurs de ceux qui auront été les derniers seront les premiers. »

C'est ainsi, Messieurs, qu'on remue les mauvaises passions de la populace; c'est avec des promesses de ce genre qu'on la soulève. Les nouvelles couches sont là; elles nous talonnent, elles nous pressent — et mettent la société en péril.

Le rénovateur qui est traduit aujourd'hui à votre barre, Messieurs, a pris à tâche de soulever les populations. Il va de ville en ville, réunissant les électeurs et leur adressant des paraboles, quelquefois obscures, toujours dangereuses. Il traîne à sa suite une queue de révolutionnaires, des femmes de mauvaise vie auxquelles il promet le pardon quand elles ont versé des parfums autour de lui.

Vient une femme adultère; il défie ceux qui l'entourent de la condamner!

Il prétend que l'ouvrier qui n'a travaillé qu'une heure doit recevoir le prix de la journée entière!

Messieurs, vous savez où nous mènent de pareilles doctrines. Le respect de la loi, la discipline civile sont les grands instruments de la conservation. Attaques contre le gouvernement, excitation à la haine des citoyens, appel à l'insurrection, doctrines égalitaires propres à renverser toutes les idées d'ordre et de morale : voilà ce que je trouve dans ces prédications dangereuses. Jésus n'a pas tué, il n'a pas volé de ses propres mains; mais la publicité est la plus dangereuse de toutes les armes, et il a usé de tous les moyens de publicité qui étaient en son pouvoir; vous n'hésiterez pas à le condamner. »

*
* *

Et on le condamnerait comme autrefois !

Peut-être même ne se trouverait-il pas un autre Ponce-Pilate pour s'écrier :

— Je suis innocent du sang de ce juste !

Croyez-vous qu'il faut avoir singulièrement torturé l'Évangile pour en faire la religion des Saint-Barthélemy, des dragonnades et des fusillades de toute sorte?

Croyez-vous qu'il faut en avoir accommodé les restes à des sauces particulières pour les mettre à la portée des gens du monde actuel !

Les textes sont là, mais on passe à côté. Ils n'en sont pas moins gênants, et on ne les laisserait pas prêcher par de véritables amateurs. Si on prenait au mot les conservateurs qui se proclament catholiques, si les véritables chrétiens d'en bas leur disaient : « Eh bien! pratiquons sérieusement la religion ensemble!... »

Vous verriez l'épouvante des *moraliens;* ils seraient capables de revenir au paganisme — et nous condamneraient à l'amende et à la prison si nous osions toucher à Jupiter, Vénus, Plutus, Priape, Bacchus et Mercure, qui n'ont jamais cessé d'être leurs vrais dieux !

Ces gens-là sont des farceurs, et voilà tout.

Les juifs ne sont pas beaucoup plus sérieux quand ils fêtent le *kypour* ou grand pardon. Ils jeûnent et prient pour obtenir de Dieu la grâce de pouvoir se réunir et retourner à Jérusalem.

Eh bien ! il y a un bateau qui part tous les jours de Marseille ; ils n'ont qu'à le prendre, personne ne s'y opposera. Bien mieux, s'ils tiennent à s'établir de nouveau dans le pays qui fut leur berceau, je puis leur assurer que le terrain y est presque pour rien !

LA QUESTION SOCIALE

Le jour où Gambetta s'est écrié : « Il n'y a pas de question sociale! » — quelques bons esprits se sont affligés de la raideur cassante d'une déclaration qui semblait condamner leurs théories humanitaires.

Un grand nombre a cru à un de ces accès de modération qui ont pour but de calmer les violences des défenseurs de l'ordre; d'autres, comprenant mieux, sans doute, la pensée de l'orateur, l'ont expliquée en disant que la forme républicaine, quand elle est utilisée dans sa sincérité, laisse la porte ouverte à tous les progrès; que c'était là le seul objectif à considérer, et que la question sociale se résoudrait alors d'elle-même, sans secousse, sans péril, par les améliorations successives apportées au sort des classes pauvres.

Je ne vois pas, quant à moi, dans ce cas, plus que dans tout autre, qu'il y ait des ménagements à prendre à l'égard de l'opinion publique. Mieux vaut s'expliquer une fois pour toutes. Le socialisme est un fantôme qui n'a rien d'effrayant; bien plus, je prétends et je vais prouver que la question sociale est le seul terrain de conciliation que tous les partis puissent accepter.

Duchesse, quand vous donnez un bal au profit des pauvres, vous faites du socialisme; baronne, quand vous travaillez à une layette pour le petit être qui est venu au monde dans une mansarde de votre hôtel, vous faites du socialisme; Rothschild, quand vous adoptez les enfants du garde-chasse assassiné sur vos terres, vous faites du socialisme.

Est-il possible que les sociétés soient acculées contre un mur d'airain qu'elles ne peuvent franchir? Que signifient les déclamations de ceux qu'on appelle démagogues et de ceux qu'on appelle monarchistes? Les hommes qui gouvernent savent bien que leur gouvernement n'est pas bon; ceux qui les attaquent ne veulent point qu'il soit meilleur.

La vérité absolue est qu'un gouvernement où un seul homme peut mourir de faim, abandonné de la société dont il est membre, est un mauvais gouvernement.

L'échelle sociale nous montre les habiles de tous les temps groupés sur les degrés; où ne sont pas les habiles du jour, vous voyez les habiles du passé représentés par leur descendants. Les ambitieux qui troublent la source, pour faire monter contre nature le fond à la surface, ne seraient pas dangereux, si l'on apaisait, par un sentiment de justice et de prudence, les vraies misères dont ils s'étayent en les foulant aux pieds.

Qu'importe à l'ordre que tel ou tel ait une *position?*

Le seul à plaindre, c'est celui que la société a condamné au labeur sans espoir.

Le pauvre, dans les sociétés modernes, doit étouffer en même temps de rage et de misère.

Le peuple des salons, plus raffiné que le peuple des rues, a perdu avec la sensation forte la trace de ce qui est vrai, et détruit l'émotion par le raisonnement.

Au tableau des souffrances d'en bas, de l'injustice évidente dans la répartition des jouissances terrestres, des hommes de cœur, effrayés de la profondeur du problème, répondent froidement : Peut-être faut-il qu'il en soit ainsi?

Les âges primitifs du monde se sont effacés sous la couche des siècles ; le grand travail de la création s'y dérobe à nos recherches. Une unique figure, pleine d'épouvantes et de grandeur, traverse les âges; les Grecs l'ont nommée Prométhée; et nous retrouvons les Titans écrasés sous les montagnes, les géants de la Judée, et partout et toujours la trace d'un secret que l'homme a tenté de ravir aux dieux sans jamais y réussir.

Et cependant ma raison se refuse à croire que nous soyons maudits de naissance; il y a chez l'homme le sentiment d'une existence vers laquelle il aspire et qui n'est pas celle-ci.

Il n'y aurait qu'à énumérer les précurseurs des socialistes actuels pour écrire les aventures de l'esprit humain.

Tantôt, c'est l'idée mystique qui prévaut; tantôt l'instinct matériel qui repousse le frein qu'impose à l'homme tout régime régulier dans l'intérêt même de sa sécurité.

Platon invente une communauté; Morus la fait obligatoire. Campanella règle l'exercice de la promiscuité. Morelli établit une conscription du travail.

Babœuf traite les partisans de la propriété de conspirateurs dangereux. Il ne veut qu'un costume, qu'une table, qu'un ordinaire. L'État prend les citoyens au berceau, les élève, les utilise et les ensevelit.

Avec Platon, la communauté est une idylle; avec Babœuf, c'est un bagne.

Saint-Simon, Cabet, Fourrier, Pierre Leroux n'ont produit que des chimères qui s'en vont peu à peu à l'oubli.

Un peu plus ou un peu moins de théurgie et de métempsycose, et tous ces systèmes se confondent. La famille sans héritier, la patrie sans sujet et la propriété sans propriétaire.

Il ne s'agit jamais que d'une guerre à mort contre les civilisations fondées au profit de civilisations imaginaires. Le trait commun, c'est d'étouffer le goût et l'usage de la liberté.

Nous n'en sommes plus là, Dieu merci. Les mannequins sont abattus, l'épouvantail est renversé.

L'humanité vaut mieux que sa réputation, et chacun, aujourd'hui, semble décidé à y mettre du sien.

Je me rappelle la terreur des campagnes en 1848.

Les paysans passaient les nuits au bord d'un fossé ou sur la clôture de leur champ, un fusil à la main, attendant les *partageux* de Paris qui ne venaient jamais.

Un brave laboureur de Saintonge, qui craignait la sécheresse, avait jeté du verre cassé au fond de son puits dans la crainte qu'on ne vînt lui voler son eau.

Vingt ans ont suffi à faire tomber ces terreurs.

La société est ce qu'elle est ; nous ne demandons tous qu'à la conserver, mais le moment est peut-être venu d'oublier cette légion de prétendants à un trône brûlé, qui nous assiége sous le décanat de M. le duc de Normandie, et de chercher entre nous, gens de diverses opinions, le moyen de remédier aux maux que déplorent tous les honnêtes gens.

Ce n'est pas en donnant deux sols trois fois par jour que nous arriverons à ce résultat.

Il y a, dans ce petit sacrifice, une satisfaction de conscience qui est la preuve évidente d'un remords latent.

Voulez-vous me permettre de risquer à mon tour une petite utopie, bien simple et facile à réaliser ?

D'abord, quand vous lisez dans un journal :

« Hier, un couvreur est tombé du quatrième étage et s'est tué sur le coup ; il laisse une veuve et quatre enfants sans ressources. »

Ou bien encore :

« La tempête a été terrible sur la Manche, dans la nuit du 15 au 16. Quatre barques de pêcheurs ont péri ; trois matelots étaient pères de famille et laissent plusieurs enfants dans une profonde misère. »

Êtes-vous bien sûrs d'avoir le droit d'écrire à la porte de vos villes :

« LA MENDICITÉ EST INTERDITE ! »

Avant d'interdire la mendicité, donnez du pain à ceux qui n'en ont pas.

Certes, mon rêve ne va pas jusqu'à croire que nous puissions lire, un jour, dans les mêmes gazettes :

« Un couvreur s'est tué en tombant d'un toit. Il laisse une veuve *avec vingt mille livres de rente.* »

Là est l'invraisemblable et l'impossible.

Mais là aussi, comme partout, il y a une moyenne à chercher.

Avec la moitié de l'indemnité que nous payons

aux Prussiens, le problème de l'extinction du paupérisme était résolu.

Quel bel emprunt ! et quand le ferons-nous ? Chaque ville, chaque bourgade nourrissant ses pauvres !

— Mais on les nourrit, me dira-t-on. La charité *privée* est inépuisable.

Nous n'en voulons pas de votre charité privée, elle ne nous offre aucune garantie, et vous aurez tout loisir de vous y livrer après que la société responsable aura fait son devoir.

Je ne trouve rien d'absurde comme la peine de mort quand un tiers de notre planète est inhabité ; rien de bête comme la détention, quand nous avons partout des terrains en friche.

Un homme a volé, nous le nourrissons, pendant six mois ou trois ans. Mais c'est lui qui doit nourrir ceux qui n'ont pas volé.

Pourquoi, de six mois à un an, vos condamnés ne seraient-ils pas occupés à labourer, à semer, à extraire des minerais en Corse ou en Algérie, où des richesses inouïes sont enfouies, perdues ?

De deux à cinq ans, vous les enverrez dans des terres plus éloignées ; et chaque fois qu'il s'en trouvera qui, ayant pris goût au travail, demanderont à redevenir d'honnêtes gens, laissez-leur ce solqu'ils auront creusé, ces arbres dont ils ont émondé les branches, ces fleurs qu'ils ont semées.

Et les voleurs d'hier, propriétaires aujourd'hui, vous paieront des impôts et enrichiront la métropole.

Qu'il en soit ainsi depuis les grandes villes jusqu'aux plus humbles villages.

Paris a cent mille indigents,

Marseille, huit ou dix mille,

Et un bourg de cinq ou six cents feux en a douze ou quinze.

Voyez le beau sacrifice à faire que de régler cette situation !

Un sacrifice qui nous donnera des citoyens en éloignant les inutiles et les dangereux !

Les hommes sont ce que les fait le milieu où ils vivent ; et Henri Monnier, dans sa formule de La Palisse, a été moins naïf qu'il ne le croit lui-même en disant : « Otez l'homme de la société, vous l'isolez. »

*
* *

Tout le monde a lu — avec indifférence sans doute — la nouvelle suivante, perdue au milieu de quelques tentatives d'assassinat, de plusieurs suicides et d'une multitude d'accidents :

« Depuis quelques jours, le concierge d'une « maison située rue de..., n'ayant pas vu sor- « tir la dame M..., âgée de soixante-dix ans, et « ayant inutilement frappé à sa porte, alla pré-

« venir le commissaire de police. Celui-ci trouva « la dame M... étendue sur son lit et dans un « état complet de dissolution. Un médecin a « constaté que la dame M... était morte d'ina- « nition. »

Cela n'est rien, n'est-ce pas? — Eh bien! cela devrait être tout.

Un journaliste a recherché l'histoire de la dame M..., et voici ce qu'il a trouvé :

La « dame » veuve Marienvald vint s'établir à Paris en 1869. Elle avait huit enfants : sept garçons et une fille. Grâce à leur travail, la famille vivait, sinon dans l'aisance, du moins sans privation.

Tous les samedis, les enfants apportaient leur salaire, sur lequel une petite part était mise de côté pour la dot de la jeune fille, la dernière venue, la « benjamine » par conséquent.

Une heure terrible sonna pour la France. L'étranger foulait notre sol ; nous marchions de défaites en défaites... Sur les sept garçons, quatre partirent en province, trois demeurèrent à Paris.

La guerre terminée, cette humble famille, composée de neuf personnes, était réduite à deux — la mère et la fille. — Les garçons étaient morts pour la patrie.

La dot, bien minime, fut entamée pour payer

les dettes. Épuisée par la mauvaise nourriture, les émotions, le chagrin, la fille mourut à son tour. Il restait deux cents francs environ. La mère voulut un enterrement que naïvement elle appelait « de première classe. » Déduction faite des frais d'église et de pompes funèbres, elle revint chez elle, dans son véritable taudis, avec « une pièce de six francs. » Elle fit de cette somme deux parts : l'une consacrée à sa fille, l'autre à sa nourriture. Cinq francs pour la fille, un franc pour elle. Pendant dix jours, elle alla porter sur la tombe de sa benjamine un gros bouquet de roses blanches qu'on lui cédait pour cinquante centimes. Pendant dix jours elle vécut avec vingt sous, soit deux sous par jour. Le onzième jour elle s'étendit sur son grabat.

La faim tout d'abord la tortura, puis vint la soif, et le *quinzième* jour elle expira : total quatre jours d'horrible agonie sans proférer une plainte.

*
* *

Erckman-Chatrian a mis en scène, dans un de ses romans patriotiques, le départ d'un volontaire alsacien.

Le sol est envahi, la patrie en danger ; le brave embrasse sa femme et ses trois enfants et se dispose à partir...

— Moi, je reste, lui dit un voisin. Tu vas te

faire tuer, Wilhelm ; et, après ta mort, tes enfants, les pieds nus, iront courir sur les routes après les diligences ; alors on lèvera la canne sur eux, en disant : Voulez-vous tourner les talons plus vite que cela, tas de geueux !... On est assailli de mendiants dans ce pays-ci !... et personne ne songera peut-être que ces petits malheureux sont les enfants d'un soldat qui s'est fait tuer pour son pays !...

Voilà la question sociale.

Et remarquez que, dans les réformes urgentes, indispensables, sans lesquelles la France versera de nouveau dans je ne sais quelle horrible fondrière, tout est juste, simple, logique.

La question sociale peut être élucidée et réglée sans demander quoi que ce soit à ceux qui possèdent.

Mais non ! il s'agit bien de ces misères ! Combien de voix aura Bruas si les électeurs de Berger votent pour lui ?...

Il y a soixante ans qu'on nous promet des merveilles, *si nous sommes sages.*

Être sage, c'est être fort, puissant, défiant, vigilant, prêt à se défendre ; et plus une révolution est sage, plus elle est criminelle aux yeux des partisans des anciens régimes.

« La lutte existe entre deux principes, disait

Talleyrand au congrès de Vienne, le 26 septembre 1814 ; tant qu'*une seule dynastie révolutionnaire* existera, la révolution ne sera pas terminée. Il faut donc que le *principe de la légitimité triomphe sans restriction ;* sans cela, point de paix, mais une trêve. »

Et il a eu raison, don Carlos, de se proclamer roi de France après Henri V !

Pourquoi s'arrêter en si beau chemin ?

Après la France, le royaume de Naples, et l'unité européenne pourra se faire ainsi, tout simplement, par voie de succession.

Des guerres civiles atroces, et point de résultats ; des passions farouches, et peu de grands hommes ; quelques dévouements au milieu d'un chaos sanglant : des masses ardentes, émues, indomptables, et aucune nationalité forte ; des bouleversements continuels, et pas de caractères, voilà l'Espagne depuis soixante ans ; l'Espagne qui a jadis imposé la loi au vieux monde, conquis et civilisé le monde nouveau. Sa décadence, comme celle du Portugal, est née de son plus glorieux triomphe et de l'abus qu'elle en a fait.

L'une et l'autre fondèrent par delà l'Océan des colonies immenses, soumises au monopole et dont elles recueillirent les trésors. Fiers de cette richesse, stérile pour le peuple et que le roi distribuait à ses favoris, l'Espagne et le Portugal laissèrent à la noblesse un pouvoir sans responsabilité, et la faculté dangereuse, corruptrice, infâme de mettre à l'enchère les places et les faveurs. L'opulence de l'aristocratie s'accrut aux dépens du peuple, dont l'activité se trouva tarie dans ses sources, et qui vit ses maîtres, gorgés d'or et de pouvoir, s'énerver et déchoir de génération en génération.

A la dégradation physique, née des passions sans frein, de la paresse et des excès, se joignit la dégradation intellectuelle fomentée par l'inquisition.

La science proscrite, la masse terrifiée, l'examen interdit, la pensée captive, l'échange des idées considéré comme un crime, conduisirent l'Espagne à l'apathie.

Dans un pays sans commerce, dont le sol fournit aux besoins qui le sollicitent paresseusement, le paysan, couché à l'ombre du figuier paternel, s'endormait en rêvant à ce passé glorieux, immortalisé par les exploits des ancêtres.

Aussi, lorsque commença le grand mouvement européen, l'Espagne était-elle, par instinct, profondément contre-révolutionnaire. Que lui importait tout cela ? c'était du mouvement, du déplacement, de l'ennui.

L'événement le plus récent, c'est une guerre acharnée et terrible, une insurrection implacable, destinée à rétablir le gouvernement monarchique et absolu, sur les ruines du progrès moderne.

Un jour viendra peut-être où les élus de la nation française comprendront qu'on ne peut pas changer les hommes et qu'il est facile de changer le système.

Sans secousse, simplement, en famille !

Nous sommes un peuple de braves gens. Tous les esprits sont frappés aujourd'hui des anomalies de nos législations.

Il y a des tempéraments d'une nature si indulgente qu'ils ont besoin d'une grande injustice pour se décider à haïr : jusque-là le mépris leur suffisait.

Le paganisme actuel a une déesse, la Routine, coiffée de toiles d'araignée, couverte de rouille et de moisissure.

Jamais les hommes, ou seulement quelques hommes, ne se sont jetés contre la vraie barrière pour la forcer.

Que signifient les déclamations des démagogues et celles des monarchistes de nos jours ?

Qui a posé le doigt sur la question ?

Qui a dit que la société ne sera parvenue à son

but que le jour où nous pourrons nous écrier : Il n'y a pas un seul homme qui puisse mourir de faim ?

LES FORCES PERDUES

Les gens qui se tiennent à peu près au courant de ce qui se passe ont pu lire, dans les *Faits-Divers* des journaux de toute opinion, quelques entrefilets ainsi conçus :

« Hier, un sergent de ville remarqua dans le faubourg du Temple, en face de la pharmacie Raspail, trois petits enfants à peine vêtus de haillons sordides, qui ramassaient des croûtes de pain au pied d'une borne, dans les rebuts du voisinage. Ce brave homme les conduisit chez le boulanger prochain, leur acheta du pain et ne les laissa partir qu'après leur avoir fait prendre un bouillon. »

Le même jour :

« Les agents ont trouvé, sous une porte cochère de la rue du Rocher, une jeune fille âgée de seize ans à peine, maigre, pâle et toute grelottante. Sur ses genoux elle tenait le cadavre d'un enfant de deux mois. Cette jeune fille raconta que, séduite par un homme qui avait promis de l'épouser, elle avait été chassée par ses maîtres. Se trouvant sans ressource, renvoyée d'un cabinet qu'elle occupait dans une auberge du faubourg, elle avait passé la nuit là, et son enfant était mort de froid et d'inanition. »

Hier, aujourd'hui, demain :

« Le sieur B.... chiffonnier, a trouvé dans la rue des Vignes, à Vaugirard, le corps mutilé d'un enfant nouveau-né... »

ou :

« La dame Z..., rentrant chez elle à dix heures du soir, sentit qu'elle marchait sur quelque chose de mou. Elle se baissa et trouva, enveloppé dans un morceau de drap, le corps d'un petit garçon de sept ou huit mois... »

Encore ce matin :

« Une femme M... occupait avec son enfant, une petite fille de trois ans, un recoin garni d'une couchette de paille, au bout de la rue de Charonne. Les voisins, ne l'ayant pas vue depuis deux jours, enfoncèrent la porte et aperçurent la malheureuse étendue sans vie, les traits décomposés et serrant sa pauvre petite sur sa poitrine.

« Voici ce qui était arrivé. Se trouvant sans ressource, elle avait mendié. Surprise par des agents et conduite au poste, elle résolut d'en finir avec une si douloureuse existence, et elle s'était asphyxiée avec le pauvre petit être dont la vie avait été si courte et si dure. »

On n'en finirait pas de compter les morts que fait la misère, les enfants étranglés, étouffés et noyés, les vieillards asphyxiés ou pendus.

— C'est là, me dira-t-on, la menue monnaie de la misère sociale. Dans une population si nombreuse, où se heurtent tant de mauvais instincts, tant de passions coupables, tant de paresses et de cupidités, comment voulez-vous qu'il en soit autrement?

Eh bien! il me semble que si l'on s'occupait un peu moins de politique et un peu plus de socialisme, rien ne serait plus simple que d'empêcher les atrocités de ce genre.

Comment! dix-huit cent soixante-dix-sept ans sont écoulés depuis la mort du Juste, et c'est là tout ce que vous avez fait?

L'homme n'est pas le maître de sa planète. Des territoires immenses sont incultes; il y a des prairies et des forêts qui n'ont pour hôtes que des bêtes fauves et des reptiles, et souvent nos prisons se remplissent de gens qui ont leurs deux bras et que l'on nourrit tant bien que mal du pain gagné par ceux qui n'ont ni volé ni tué!

Et vous vous prétendez des êtres raisonnables! civilisés! Allons donc!

Comptez toutes les forces perdues, vous qui

avez retardé la prise de possession de la terre par l'humanité !

Les médiocrates et les bourgeois vont encore crier *au rêveur* — et hausser les épaules.

« Tout cela, disent-ils, fait beaucoup d'effet sur le papier, mais c'est impossible à mettre en pratique. »

— Impossible ? Mais avec le quart de l'indemnité payée aux Prussiens, le soi-disant problème de l'extinction du paupérisme était résolu.

Il ne suffit pas de se rappeler que l'humanité se compose d'individus vivant simultanément ou successivement sur la terre, il faut voir comment ils sont placés les uns à côté des autres, quelle est la nature du séjour qu'ils habitent et qu'il ne tient pas à eux de ne pas habiter.

La terre n'a-t-elle pas été donnée aux hommes, suivant l'expression du plus saint livre, pour qu'ils *s'y répandent et la remplissent tout entière ?* Les lois de la nature ne veulent-elles pas que des hommes vivent partout où un être humain peut subsister ?

Un bouleversement total du globe ne suffirait pas même pour modifier le climat de certains pays ; et ce qu'on ne peut espérer d'une révolution physique, la main de l'homme ne peut guère l'opérer. Dût-elle réussir, à force de soins et d'efforts, à arroser tel désert aride, à rendre productif ce sol ingrat, qui fondra les glaces polaires? Qui tempérera le soleil brûlant de l'équateur?

Sans doute, la marche de l'humanité trouvera, à un moment donné, des obstacles infranchissables, mais il faut encore des milliers d'années avant que nous arrivions là, et nous n'avons pas le droit de rester au-dessous de notre idéal de clémence et de charité.

Ce ne serait pas long d'établir une législation, ou plutôt une administration à ce sujet.

A. — Chaque ville, chaque commune doit nourrir ses pauvres.

— Mais il y a des gens qui ne veulent pas travailler, des dissipateurs, des débauchés!

Nous allons être d'accord, messieurs les conservateurs. Je prends l'Évangile pour Code civil et pour Code pénal.

Les bras inutiles sont un péril social, nous les éloignerons.

B. — Le travail n'est pas seulement un droit, il est un devoir.

Nous élevons à chaque porte de Paris deux hangars, l'un pour les hommes, l'autre pour les femmes et les enfants. Les locaux sont chauffés en hiver. On y trouve l'abri, la soupe et le pain.

Un registre y est ouvert. C'est le livre sacré du travail; l'offre et la demande y sont consignées.

— Qui êtes-vous?

— Pierre-François.

— Votre livret?

— Voilà.

— Vous êtes menuisier, sans ouvrage?

— Oui.

— Tel patron à tel endroit a besoin d'ouvriers. Allez-y.

Si réellement l'ouvrage manque, l'homme a le lit et le pain.

Tout individu renvoyé avec raison de trois ou de cinq ateliers devient un péril pour la société.

Il faut l'éloigner de la métropole où il est du trop-plein.

Où il y a tout à créer, le travail se divise à l'infini; et quand la société a fait jusqu'au bout son devoir, elle doit se préserver des parasites et des turbulents.

Quant à ce qui regarde les femmes et les enfants, il est inutile de faire ressortir tout ce que gagneraient la religion et la famille à une sage réglementation.

De ces enfants perdus l'État ferait des citoyens, ouvriers, soldats, marins, artistes, suivant leurs capacités.

Plus de vagabonds, de mendiants, de voleurs par nécessité.

Ce qui est difficile à Paris, à Lyon, à Marseille, devient simple et peu coûteux dans les petites localités. Partout l'asile comme la mairie.

Sans doute, la charité privée fait beaucoup de bien, mais elle s'égare souvent, et elle est insuffisante, faute d'une réglementation.

Quant aux pénalités telles qu'on les inflige, elles sont évidemment fort coûteuses et d'une nature antichrétienne.

Pourquoi des prisons peuplées, quand vous avez des colonies désertes?

De six mois à cinq ans de prison, en Corse ou en Algérie. Les maquis, les forêts, le sol à défricher.

Le travail au grand air ne vaut-il pas mieux que le croupissement dans une cellule nauséabonde?

Et que de gens demanderaient à rester, une fois leur temps fini! De ceux-là, faites des propriétaires. Établissez-les sur le sol qu'ils ont rendu productif.

Au-dessus de cinq ans, distribuez les coupables d'attentat au pacte social dans vos colonies lointaines.

Au bout de vingt ans de ce système, vous aurez fait des contribuables de vos ennemis indisciplinés.

Cela n'est pas du rêve. Rien n'est plus pratique, plus conforme aux principes conservateurs.

Le seul tort de ce système à peine esquissé, si facile à réaliser, c'est de sortir de la routine!

Il semble, à voir l'entêtement et l'obstination des partisans des vieux usages, que la raison soit le produit tardif d'une vie qui ne tient à rien, flottant au hasard, sans support et sans appui.

Ils ne voient pas l'unité intime de tout ce qui a existence et vie dans l'univers, de l'humanité et de la nature.

Nous ne pouvons rien apprendre des lois de notre espèce et de son développement que par la combinaison de notre besoin d'unité, d'ordre et de bonheur, avec la connaissance de la terre, de ses propriétés, de sa configuration et des rapports qui nous lient à elle.

La civilisation seule unit les générations qui se succèdent, aussi bien que les individus qui vivent à une même époque.

C'est dans la civilisation que consiste l'*identité* de l'humanité, parce qu'en elle viennent se réunir et se confondre les efforts d'ailleurs si divergents de tous les hommes.

Le jour où les législateurs, laissant de côté les discussions enfantines du parlementarisme, oseront franchement prendre à bras le corps les grandes questions d'humanité, il importera peu que ce soit Lepetit ou Beauchamps, Auguste ou Isidore, qui soit nommé dans tel ou tel département.

La France comptera vingt millions d'habitants dans ses colonies; le trésor se remplira. Des débouchés nouveaux seront ouverts de tout côté. La revanche sera prise.

Si, au contraire, l'égoïsme des personnalités va se succédant toujours; si les hommes consentent à supporter la confusion, persuadés que leur patience préparera l'*ordre futur;* s'ils considèrent froidement l'injustice et la déraison qui s'agitent autour d'eux, dans l'espoir que leurs descendants verront triompher enfin la sagesse et le bon droit, la société s'en ira de chute en chute et de décadence en décadence, semant l'histoire de ses désastres, de ses disettes, de ses crimes, de ses infanticides, jusqu'au jour où les dix derniers bacheliers, ouvrant le *Journal officiel*, y liront cette phrase mélancolique :

« Ne sachant signer, le ministre de l'instruction publique a fait sa croix ! »

LE MARIAGE DES PRÊTRES

I

Depuis longtemps le rire est amer. Je suis de ceux qu'on accuse de rire un peu de tout, sans prendre garde qu'on rit quelquefois parce qu'il n'y a pas moyen de faire autrement.

Nous serons sérieux aujourd'hui, si vous le voulez bien ; le sujet l'exige.

Les honnêtes gens de tous les partis sont attristés des scandales journaliers qui se produisent dans certaines classes de la société, celles précisément d'où l'exemple devrait partir.

Vainement la presse réactionnaire garde un silence intéressé ; les faits sont là.

Il n'y a guère de jour où un membre du clergé ne soit accusé d'attentat à la pudeur, commis, la plupart du temps, sur des enfants.

On nous répond : ce sont de mauvais prêtres.

Sans doute, et nous n'y contredirons pas;

mais il serait plus juste de dire : Ce sont des hommes ! — des hommes de chair et d'os, et la chair est faible.

Chez tous les peuples qui avaient admis la division par caste, les prêtres formaient la caste la plus honorable et la plus estimée.

Les Brahmanes dominèrent dans l'Inde ancienne, comme ils dominent encore dans l'Inde moderne. Les Mages chez les Mèdes, les Chaldéens à Babylone, les Druides chez les populations celtiques, et les prêtres égyptiens avaient le pouvoir suprême dans leur patrie.

Or, le mariage est l'essence d'une caste ; par conséquent, l'idée de caste implique celle du mariage.

Les prêtres de la Grèce et des diverses peuplades de l'Asie Mineure étaient mariés.

L'*Iliade* nous apprend que Chrysès avait une fille.

Une seule classe de prêtres, chez les Grecs, observait le célibat ; c'étaient les *galli* ou prêtres de Cybèle ; mais *ils se mutilaient* eux-mêmes, par allusion au supplice qu'on avait fait subir à l'amant de Cybèle, au malheureux Attys.

Chez les Romains, on élevait au sacerdoce les citoyens les plus considérés.

Le peuple nomma lui-même ses pontifes, aussi

longtemps que dura la République. Le grand pontife et les augures, nommés par le peuple, étaient inamovibles. Tous les membres du sacerdoce étaient mariés ou pouvaient l'être. Le mariage n'ôtait rien à la considération dont jouissaient les prêtres.

Nous en avons aujourd'hui un exemple remarquable : c'est celui des prêtres protestants. On peut dire, sans être démenti, qu'ils forment l'élite de la société parmi leurs coreligionnaires, et qu'ils se distinguent autant par leurs vertus que par leur amour des lettres et des sciences.

D'où vient donc que le clergé catholique s'obstine à garder le célibat avec une opiniâtreté telle que l'on croirait l'existence du catholicisme, et même du christianisme, attachée à la solution de cette question ?

Les prêtres catholiques nous diront que la première qnalité requise pour un ministre du Seigneur est la pureté d'âme et de corps. En cela, nous sommes d'accord avec eux et avec les païens. Tibulle disait :

Discedite ab aris
Queis tulit hesternâ gaudia nocte Venus.

Mais les païens, en admettant la pureté, n'exigeaient pas une chasteté surhumaine. Ils reconnaissaient bien aussi qu'il fallait jeûner de temps en temps pour plaire aux dieux; mais ils ne se laissaient pas mourir de faim pour leur plaire davantage. Il en est de même de toutes les autres macérations, dont le but est de plaire à la Divinité; poussez-les jusqu'à leur dernière conséquence, vous aboutirez au suicide.

Si donc nous n'écoutions que les conseils de la raison, nous demanderions l'abolition du célibat du clergé catholique.

On nous objectera la révélation.

Nous prouverons alors que les idées d'abstinence ne sont ni d'origine mosaïque ni d'origine chrétienne, mais d'origine hindoue.

Libre aux prêtres catholiques d'admettre ou non les idées hindoues.

En lisant l'Ancien Testament, je n'y ai pas trouvé un seul exemple de chasteté absolue.

Énoch, Abraham, Isaac, Jacob, Moïse, Aaron, Samuel et tous les Nazaréens étaient mariés ou pouvaient s'engager dans les liens du mariage.

C'est dans l'Inde, patrie probable du genre humain, qu'il faut chercher l'origine des idées de continence et de chasteté; c'est là le berceau de la vie ascétique et contemplative.

Saint Paul, le seul des apôtres qui prêcha les doctrines ascétiques, ne défendit cependant le mariage ni aux évêques ni aux diacres, ni aux autres fidèles. De son aveu même, quand il conseille le célibat, il n'a pas d'ordre de Dieu.

Ainsi, la question de droit est établie : le christianisme primitif ne défend pas le mariage aux prêtres ; il ne s'agit plus que de savoir comment et par quel moyen on obtiendra cette concession du haut clergé.

Un concile œcuménique devrait décider cette question en faveur de la civilisation moderne. Le clergé catholique rentrerait, par le mariage, au sein de la société polie et humanisée dont il s'éloigne de jour en jour.

Lorsque la révolution de 1789 renversa l'ancien édifice social, une foule de prêtres catholiques se marièrent sans attendre l'autorisation du Saint-Siége. Le pape, quelque temps après, ne cassa pas les mariages déjà conclus, mais défendit pour l'avenir tout essai de ce genre.

Dès le troisième siècle, il s'éleva des plaintes très-fortes contre la corruption du clergé catholique. Saint Cyprien disait : « Les prêtres manquent de miséricorde dans leurs œuvres et de *discipline dans leurs mœurs*. La plupart des évêques oublient les choses divines pour ne s'occuper que d'affaires temporelles. Ils sont toujours aux aguets pour faire de bonnes spéculations commerciales, et, tandis que leurs frères dans l'Église meurent de faim, ils amassent de l'argent et augmentent leurs revenus par l'usure. »

Ailleurs encore, il dit :

« Nous ne verrions pas, parmi les confesseurs du Christ, les fraudes, les débauches, les *adultères* qui nous font gémir et pleurer. »

Arrêtons-nous seulement aux suites immédiates du célibat. Il était naturel que le célibat engendrât l'immoralité dès qu'il n'était plus le fruit d'une impulsion spontanée, mais plutôt établi par l'arbitraire d'évêques exaltés ou ambitieux.

Ceux qui affectaient la continence trouvaient aisément le moyen de se dédommager en secret des privations qu'ils s'imposaient en public.

En effet, à cette époque, on voyait des ecclésiastiques célibataires et des laïques vivre avec des vierges qui avaient fait pareillement vœu de chasteté ; ils voulaient, disaient-ils, vivre ensemble dans une amitié spirituelle, dans un amour platonique.

Ils dormaient dans le même lit et prétendaient rester intacts au milieu des flammes.

Les jeunes filles s'appelaient : *Subintroductæ*, *Dilectæ*, *Sorores*, *Extraneæ*, *Agapetæ*.

Un sceptique d'aujourd'hui s'écrierait : C'était le bon temps !

Des rapports si contraires à la nature devaient aboutir à des excès.

Tertullien disait de ces *Sorores* : « Elles se font souvent un Dieu de leur ventre. Non contentes d'une seule chute, elles traînent après elles une longue chaîne de délits... »

Paul de Samosate, évêque d'Antioche, fut le premier, parmi les prélats, accusé de pareils désordres. Le concile d'Antioche l'accusa dans une épître synodale d'avoir chez lui des *subintroductæ*, et de souffrir que ces femmes vécussent avec ses prêtres et ses diacres.

Ils ajoutèrent : Comment pourrait-il admonester ses subordonnés, lui qui vient de congédier une femme pour en prendre chez lui deux autres d'une remarquable beauté ?

Saint Cyprien se plaint amèrement du scandale causé par des vierges consacrées au Seigneur, et qui pourtant se permettaient de semblables liaisons.

Plus le mariage était défendu, plus ce scandale se multipliait.

Le synode d'Elvire (canon 27) défendit à tout

évèque et à tout prêtre d'avoir chez lui d'autre femme que sa sœur ou sa fille. Le concile d'Ancyre (canon 19) fait la même défense.

Le concile de Néo-Césarée (canon 1er) dit : « Le prêtre qui commet l'adultère ou la fornication sera destitué. »

C'était sans doute le clergé célibataire qui se rendait passible de ces peines. Quant aux prêtres mariés, il arrivait souvent qu'ils violaient leur vœu de chasteté.

Le soixante-cinquième canon du concile d'Elvire dit simplement : « Si la femme d'un prêtre est adultère, et que son mari, le sachant, ne la renvoie pas à l'instant, il sera, dans ses derniers moments, privé de la communion. »

Malgré toutes ces défenses, le scandale allait croissant.

Les femmes coupables tuaient leurs enfants, comme il arrive dans les beaux jours du régime de la séparation de corps.

Et quand nos armées catholiques sont vaincues par les armées protestantes, les prêtres disent : C'est une juste punition du ciel !

Hélas ! cette punition, les indifférents et les libres penseurs ne sont pas seuls à l'avoir attirée sur leur patrie !

II

La cour de Rome tarda longtemps à convoquer le concile de Bâle. Quand enfin les Pères se furent rassemblés, les ecclésiastiques éclairés demandèrent à grands cris l'introduction d'un nouvel ordre de choses.

L'archevêque de Tours s'écria : « Il est nécessaire de guérir et d'ensevelir ces monstruosités, ces scandales, ces excès, ces abus, qui depuis longtemps minent et rongent le cœur de la chrétienté. »

Il y eut dans ce concile plusieurs prélats qui, révoltés par l'incontinence générale des prêtres, se prononcèrent *pour l'adoption du mariage*, qu'ils déclarèrent bon et salutaire pour la discipline ecclésiastique.

Ainsi Nicolas Tudeschi, le plus célèbre canonicien de son époque, disait : « Non-seulement j'accorde à l'Église le pouvoir d'établir le mariage, mais je crois que le bonheur et le salut des âmes exigeraient cette institution ; je voudrais qu'on donnât pleine liberté à ceux qui, pour plus de mérite, veulent garder la continence ; à ceux qui voudraient se marier parce qu'il leur est impossible d'observer la continence ; car l'expérience nous apprend que cette loi de continence a *des effets contraires à ceux qu'on en attendait.* »

Piccolomini, secrétaire et maître des cérémonies audit concile, professait des principes favorables au mariage des prêtres.

Lorsque Amédée de Savoie fut élu pape sous le nom de Félix V, on objecta comme empêchement à son élection le mariage qu'il avait contracté antérieurement. Piccolomini le défendit en disant : « Cette objection est futile, car on aurait pu élire un homme dont l'épouse vivrait encore aujourd'hui.

« Il y a eu des papes mariés, et saint Pierre, le prince des apôtres, avait une épouse.

« Peut-être le mariage serait-il avantageux pour les prêtres qui, maintenant, se damnent par le célibat. »

Si donc, en 1877, des écrivains catholiques réclament le mariage pour le clergé de leur Église, ils ne méritent pas plus le titre de schismatiques ni d'hérétiques que le cardiual Piccolomini ou le savant Alain Chartier.

Thomas de Rennes, appartenant à l'ordre des Carmélites, trouvait aussi dans les mœurs dissolues du clergé un motif suffisant pour qu'on lui permît de nouveau le mariage.

Quoi qu'il en soit, le concile de Bâle ne fit rien en faveur du mariage des prêtres. Il se contenta de recourir à des moyens dont l'expérience avait démontré l'inefficacité. Dans la vingtième séance, le concile adopta le canon suivant :

« Tout clerc, de quelque condition, dignité, ordre qu'il soit, fût-il même évêque ou davantage, qui, deux mois après la publication de ce décret, laquelle sera faite dans toutes les cathédrales, continuera à vivre publiquement dans le concubinage, sera par le fait même privé pour trois mois de tous ses bénéfices, et ses revenus seront alors confisqués.

« S'il ne congédie pas sa concubine, ou s'il la reprend après l'avoir congédiée, le saint synode veut qu'il soit dépouillé de tous ses bénéfices.... Mais, comme dans certains pays les supérieurs ecclésiastiques ne rougissent pas d'extorquer de l'argent aux prêtres concubinaires, et les laissent ainsi pourrir dans leur ordure, le synode défend, sous peine de damnation éternelle, de tolérer désormais le concubinage par un traité quelconque.

« Les concubines doivent être éloignées de ceux qui les entretiennent par tous les moyens possibles, même à l'aide du bras séculier. Les prêtres ne pourront garder auprès d'eux les enfants nés de leurs œuvres. »

Bonaparte, à qui nous devons la campagne de

Russie, la Sainte-Alliance, Waterloo et le Concordat, crut indispensable de se rapprocher du saint-père. Il voulait employer la religion à consolider son trône. Il fit tous ses efforts pour avoir l'approbation authentique du Saint-Siége sur son gouvernement, le mariage des prêtres, le divorce et la vente des biens nationaux. Le clergé constitutionnel lui donnait une certaine force, et il menaça le pape de la nomination d'un patriarche des Gaules.

Lorsque Bonaparte présenta le Concordat à son conseil d'État, aussitôt que la lecture en fut finie, il lui tourna le dos et emporta son papier avec lui.

Le premier consul prit avec le pape l'engagement solennel de professer publiquement la religion catholique — et c'est ainsi que furent relevés les autels.

On a vu, ces jours derniers, que les prières publiques votées par l'Assemblée des jours de malheur, sont devenues pour nos évêques une occasion de deblatérer contre le gouvernement établi.

L'ordre, la tranquillité, la prospérité du pays ne leur suffisent pas. Il leur manque le figurant qu'ils aiment à voir assis sur un trône. Sans ce figurant, pas de bonheur possible pour eux.

Ils tonnent du haut de la chaire contre les institutions républicaines, après quoi ils descendent dans la nef et entonnent les prières pour l'affermissement de la République.

C'est mettre le bon Dieu dans le plus grand embarras. En présence de cette contradiction, je ne sais vraiment pas ce que je ferais à sa place.

L'un de ces messieurs, qui *épiscope* à Saint-Brieuc, a prétendu qu'on voulait le faire mordre par un lion de Libye et livrer ses ouailles à toute sorte d'animaux dévorants.

Languille (de Melun), qui criait avant qu'on l'écorchât, est absolument surpassé.

Si les païens ont livré aux bêtes les premiers chrétiens, il faut avouer que les chrétiens qui ont suivi se sont donné de belles revanches.

Pendant que la religion catholique établissait lentement sa hiérarchie dominatrice et que, remplaçant la simplicité primitive de la foi chrétienne par la splendeur des cérémonies et la multitude des rites, elle jetait sur les peuples ce grand réseau, filet immense, dont quelques mailles se sont à peine détachées depuis des siècles, dans quelques coins de l'Europe, sur les cimes des montagnes, dans les vallées solitaires où la civilisation ne pénétrait pas, le christianisme des premiers temps se conservait intact.

Telle avait été la religion de saint Jean et de saint Jacques, telle était aussi la religion de ces hommes simples.

Personne ne les accusait d'hérésie, car on ne les connaissait pas; mais, dès que fut révélée l'existence d'une peuplade encore attachée à la foi primitive, on vit aussitôt la cour de Rome foudroyer, lancer des anathèmes, Bossuet s'armer de son éloquence et Louis XIV de son glaive.

Il serait bon de savoir ce que pensent M. de Saint-Brieuc et son lion de Libye des atrocités que Baville exerça dans les Cévennes.

Les catholiques ont une singulière façon de comprendre la liberté. Par l'édit de 1686, tout protestant qui essayait de sortir du royaume était puni des galères perpétuelles, ses biens confisqués, sa femme et ses enfants détenus à perpétuité.

En 1700, il fut décrété que si un malade refusait, à l'article de la mort, les sacrements catholiques, il serait condamné aux galères, s'il revenait à la vie; s'il mourait, son cadavre était traîné sur la claie jusqu'à la voirie.

Toutes les fois que les protestants s'assemblaient dans les champs pour célébrer leur service divin et répéter des psaumes, le sabre des dragons tombait sur eux. Les *curés* se signalaient surtout dans ces exécutions sanglantes.

L'abbé du Cayla inventait des supplices si odieux que l'on a peine à les rapporter. Tantôt il mettait ses victimes aux ceps; tantôt il les renfermait dans une espèce de boîte qui, tournant sur deux pivots et cédant à une impulsion rapide, ôtait la respiration et l'air à ceux qui s'y trouvaient renfermés.

Quelquefois, l'abbé du Cayla se servait de pincettes rouges pour arracher aux hommes le poil de la barbe ou les sourcils. Il s'amusait souvent à recouvrir les doigts de ses prisonniers avec du coton imbibé d'huile, qu'il allumait ensuite et qu'il faisait brûler comme des torches.

C'est le père Louvreleal, historien catholique, qui avoue ces horreurs, en les excusant!

Confiscations, mutilations, massacres, emprisonnements se succédaient sans relâche. Enfin, du fond des bois et des cavernes s'élèvent des cris de vengeance, les paysans s'arment et se précipitent sur leurs bourreaux; à son tour, l'abbé du Cayla périt dans les flammes, au grand soulagement de la conscience humaine.

Cent mille hommes succombèrent dans cette

lutte, dont la dixième partie périt par le feu, la corde ou la roue. -

Le lieutenant général de Broglie souffletait de sa main les protestants avant de les faire pendre ; mais, suivant la coutume de tous les Broglie, à toutes les pages de l'histoire, il fut rossé et mis en déroute par quelques bataillons de paysans.

Montrevel, apprenant que beaucoup de protestants devaient se rassembler dans un moulin auprès de Nîmes pour y chanter les psaumes, arma ses dragons et partit.

Il n'y avait que des vieillards, des jeunes filles et des enfants. On mit le feu au moulin, qui bientôt ne fut plus qu'un bûcher, autour duquel les dragons formaient un cercle pour repousser, avec la pointe de leur sabre, quiconque essayait d'échapper aux flammes.

Et Fléchier, dans ses *Lettres*, flétrit... les victimes ! « Misérables, dit-il, dans le temps que nous chantions *Vêpres*, ils chantaient les *Psaumes !* »

Voyez-vous cela ? Décidément nos prélats n'ont jamais aimé la concurrence.

Ah ! je comprends que les institutions républicaines leur soient désagréables, et que les fameuses *prières publiques* sortent de travers de leur gosier.

Il n'y a plus moyen de s'amuser comme sous cet abominable Louis XIV, si vanté par les écrivains qu'il payait et par les courtisans dont il flattait la vanité. La vieille monarchie ne permettait pas qu'on se permît de chanter les *psaumes* d'un côté, tandis qu'on chantait les *vêpres* de l'autre.

C'ÉTAIT LE BON TEMPS.

UN NUAGE NOIR

SIGNES PRÉCURSEURS DU FANATISME RELIGIEUX.

Il y a quelques années, Paris s'amusa toute une semaine de la phrase d'un des héros de Ponson du Terrail. Ce personnage, causant avec deux compagnons à la porte d'une auberge, s'écriait : « Voilà comme nous sommes, nous autres, hommes du moyen âge ! »

Évidemment, le romancier devançait l'histoire.

Peut-être avait-il le droit de le faire ; et ce serait aujourd'hui prévenir un Michelet futur que de nous écrier : « Nous autres, hommes du nouveau moyen âge ?... »

Car le voici de retour. Les modes passent et reviennent. Notre époque ne le cède en rien au moyen âge connu ; les atrocités, la barbarie, les erreurs, les superstitions sont les mêmes. Quand les apparitions commencent, les sorciers ne sont pas loin ; et quand on a les sorciers, il n'y a plus qu'à dresser les bûchers.

Quel martyrologe que l'histoire de l'humanité ! Et c'est au moment que l'on croyait en avoir fini avec les horreurs, les massacres en masse, le viol et la mutilation, que tout cela recommence !

« Homme, quoi que tu fasses, tu seras toujours moins cruel que Dieu ! »

Le fanatisme religieux semble trouver chez nous un regain de vitalité...

C'est au nom d'une religion que les bandes asiatiques saccagent les champs, empalent les femmes et débitent les enfants comme la galette du Gymnase.

C'est au nom d'une autre religion qu'on tisse autour de nous des filets d'acier qui seront bientôt, si on n'y prend garde, la camisole de force appliquée au progrès, ce fou ; à la liberté, cette aliénée.

Le fanatisme est le plus dangereux ennemi de la religion ; il emprunte son langage, ses formes, ses apparences ; il a le ciel dans les yeux, la clémence à la bouche, et il enchaîne les consciences par les terreurs de la superstition.

Ses victimes sont marquées du doigt ; tout ce qui ne lui fera pas cortége ou qui ne servira pas ses projets, sera proscrit sous les noms d'impie, d'athée, d'ennemi de Dieu et de la société.

Gare au jour du pouvoir, c'est le jour des vengeances !

A l'heure présente, le fanatisme compte ses hommes ; il a des alliés dans tous les rangs de la société. En haut, l'intérêt ; en bas, l'ignorance. Il ne peut cacher ses espérances ; les temples de la paix et de la miséricorde ont déjà retenti de ces accents furieux, qui sont le rappel de son pouvoir passé. Il rassemble ses prosélytes, et forme au milieu d'eux ces plans de domination par l'astuce, l'intrigue et l'hypocrisie, qui, par des empiétements successifs, sollicités et obtenus au nom *des intérêts du ciel*, doivent lui restituer le sceptre universel des opinions et des consciences.

Les chaînes sont forgées ; on les présente aux Français comme un moyen d'expiation après leurs erreurs, comme la sauvegarde de leur sécurité et de leur bonheur, comme l'unique préservatif contre tous les retours de l'infortune, comme le seul remède à tous les maux !

Tour à tour audacieux et abattu, le fanatisme presse de tous ses vœux les lois et les mesures d'ordre public ou religieux dont il espère tirer quelque avantage pour le succès de ses desseins, tandis qu'il voue à ses implacables anathèmes celles qui contrarient ses espérances, ou qui peuvent l'arrêter dans sa marche.

Quel cri il a poussé le jour où fut proclamé le grand principe de la tolérance religieuse et du libre exercice des cultes !

Et comme il tente aujourd'hui de faire disparaître du code de nos lois ce principe conserva teur de l'harmonie sociale !

Nous ne sommes pas encore si loin des scènes sanglantes et atroces qu'entraînent après elles les haines et les persécutions religieuses...

Je relisais hier un ouvrage intitulé DE LA RÉORGANISATION DE LA SOCIÉTÉ EUROPÉENNE ou *de la nécessité et des moyens de rassembler les peuples de l'Europe en un seul corps politique, en conservant à chacun son indépendance nationale*, par le comte de Saint-Simon et par Augustin Thierry, son élève.

Il y a là des pages qu'on dirait écrites d'hier, des idées qu'il est toujours temps de mettre à exécution. Un peuple ne peut-il être qu'à la condition d'opprimer les autres ?

Les saint-simoniens sont déjà loin de nous...

Voici ce que dit Bouillet du maître d'Augustin Thierry :

SAINT-SIMON (Claude-Henri), économiste et chef de secte, né à Paris en 1760, servit en Amérique dans la guerre de l'Indépendance, fut à son retour nommé colonel à vingt-trois ans ; quitta le service pour se livrer à divers projets d'utilité publique, applaudit à la Révolution dans laquelle il voyait une œuvre de régénération.

Saint-Simon conçut le projet de réorganiser les sciences et de reconstituer l'ordre social.... Il s'attacha quelques disciples (Augustin Thierry, Auguste Comte, Olinde Rodrigues, Bazard, Enfantin, etc.).

Il fut le fondateur d'une école qu'on a nommée *industrialiste;* il voulait améliorer, au moyen de la science et de l'industrie, le sort de l'humanité et surtout des classes pauvres. Il considérait les savants, les *industriels*, les artistes, les *producteurs* de toute espèce, comme formant la seule élite légitime, leur confiait la direction de la société nouvelle, prêchait l'*association et l'organisation des travailleurs*, et voulait que tous les efforts fussent dirigés d'après une doctrine générale et vers un but commun. Il constituait sur de nouvelles bases la religion, la propriété et même la famille... Ses disciples furent nommés *saint-simoniens*. Accusés devant les tribunaux d'attentat à la **MORALE PUBLIQUE**, ils virent dissoudre leur association (1833).

C'est une chose effrayamment comique que de voir toujours tirer d'un tiroir secret cette soi-disant *morale publique* qu'on oppose à tous les novateurs, à tous les penseurs, à tous ceux qui ne croient pas que nous soyons arrivés au dernier degré du perfectionnement, représenté par les lois de 1819 et de 1852.

La morale publique de la délation, de la police secrète, du vol à la Bourse, des emprunts d'État et des grands numéros !

Cette morale-là est publique parce qu'on l'a mise en carte...

Il ne peut pas y avoir d'autre raison.

Voici quelques passages de Saint-Simon que nous pouvons méditer à loisir.

L'Europe est dans un état violent, tous le savent, tous le disent ; mais cet état, quel est-il ? d'où vient-il ? est-il possible qu'il cesse ?

Il en est des liens politiques comme des liens sociaux ; c'est par des moyens semblables que doit s'assurer la solidité des uns et des autres.

A toute réunion de peuples comme à toute réunion d'hommes, il faut des institutions communes, une organisation.

. . . .

Les croisades, dont le but politique fut de dégoûter les Sarrasins de la conquête de l'Europe, étaient des guerres de la confédération entière contre les ennemis de sa liberté.

Un peu plus loin, dans le chapitre intitulé *Causes d'une nouvelle révolution en France*, Saint-Simon écrit :

Il y avait en France une caste privilégiée, à laquelle appartenaient tous les honneurs et tous les emplois. La noblesse, doublée de nombre, par Bonaparte, se divise maintenant en deux parties, toutes deux mécontentes.

L'ancienne noblesse, accoutumée à regarder comme son patrimoine toutes les grandes charges de l'État... la nouvelle supportant avec peine que des emplois qu'elle se croit seule capable de remplir, soient confiés à des hommes vieillis dans l'oisiveté...

Et après une étude sincère de la situation sociale, l'auteur ajoute :

Tous ces murmures qu'excitent, dans les diverses classes de la nation, les intérêts contrariés, les espérances trompées, se réunissent à la fois contre le gouvernement, dont la marche n'est ni ferme ni franche.

. . . .

L'imagination des poëtes a placé l'âge d'or au berceau de l'espèce humaine ; c'était plutôt l'âge de fer qu'il fallait y mettre. L'âge d'or du genre humain n'est point derrière nous, il est au-devant, il est dans la perfection de l'ordre social ; nos pères ne l'ont point vu, nos enfants y arriveront un jour ; c'est à nous de leur frayer la route.

Sans doute, mais que dira la morale publique ?

Et puis, est-ce bien notre affaire de nous occuper de ces choses-là ?

Qu'est-ce que cela nous fait, à nous autres, *hommes du moyen âge ?*

CONFUCIUS. — JÉSUS. — MAHOMET

La question sociale est à l'ordre du jour. Il y a une préoccupation générale des intérêts moraux et matériels de l'humanité.

Les *Mille et une nuits* nous ont rapporté l'histoire d'Abou-Hassan, ou le dormeur éveillé ; l'idée de ce conte a reparu sous toutes les formes, et, il y a quelques années, on nous donnait *Si j'étais roi !*

> *Si j'étais roi, je voudrais être juste,*

avait dit Voltaire.

Dans le bonheur vivraient tous mes sujets ;
Et tous les jours de mon empire auguste
Seraient marqués par de nouveaux bienfaits.

On ne dit plus aujourd'hui : *Si j'étais roi ;* la pensée humaine a gravi d'autres sommets ; on dit : *Si j'étais Dieu !*

Il est certain que tout homme qui s'est préoccupé des souffrances des autres, qui a vu le vice heureux, l'injustice décrétée, s'est demandé avec angoisse pourquoi rien n'est à sa place ici-bas.

La contemplation de la nature ne peut guère l'édifier plus que le spectacle des misères humaines.

Tantôt une accablante chaleur, tantôt un froid excessif. Trop de pluie ou trop de sécheresse. La grêle au moment de la récolte. Les continents séparés par des masses d'eau qui engloutissent des milliers de navires par an. L'énumération des absurdités de la nature serait interminable.

Un simple détail piquant à relever. Il y a des pays chauds où l'homme vit nu ; c'est précisément dans ces pays-là que se trouvent les insectes les plus venimeux et les vermines les plus armées.

On voit tout cela, on s'étonne et on se dit : Si j'étais Dieu...

Le temps serait toujours doux, le ciel toujours

clément. Il pleuvrait une heure, le soir, pour arroser les plantes, alimenter les sources et rafraîchir l'air que nous respirons. L'Océan serait sans tempête. Il n'y aurait ni tigres ni bourreaux, ni épidémies ni plantes vénéneuses.

Avant et après l'âge de pierre, alors que l'emploi de Grand-Hôtel était tenu par de simples cavernes, combien de milliers et de millions d'individus ont dû périr horriblement dans les solitudes !

Que de vies humaines il a fallu pour apprendre que tel champignon empoisonne et que tel autre est sans danger ; que la ciguë fait mourir et que le cerfeuil est inoffensif ; qu'on peut manger des carottes et des navets, mais qu'il faut rejeter la pomme épineuse et la noix de galle ; qu'on peut faire infuser du thé, non de la jusquiame ; qu'on peut s'amuser du hanneton et qu'il faut écraser le scorpion ; que l'anguille et la vipère ont des propriétés différentes, que le chien est l'ami de l'homme, que le loup ne l'est pas. Là encore, le champ est infini...

Mais combien en a-t-il coûté de morts pour savoir tout cela !

« L'orthodoxie, disait l'évêque anglican Warburton, c'est ma *doxie* à moi ; l'hétérodoxie, c'est la *doxie* des autres. »

Tout le monde est d'accord sur ce point que la pomme de terre est bonne à manger et que la pomme de mancenillier ne l'est pas. Quant à ce qui touche aux vérités supérieures, le désaccord est éternel.

C'est un axiome connu que « toutes les religions sont bonnes ».

Toutes les religions en effet, qu'elles soient signées Confucius, Jésus-Christ ou Mahomet, prêchent une même morale.

« Ne prends ni le bœuf ni la femme de ton voisin ;

« Traite les autres avec bonté ;

« Crois en Dieu — et espère ! »

On pourrait bien dire aussi que « toutes les religions sont mauvaises ».

Mauvaises, puisque toutes reposent sur des mystères et des miracles ;

Mauvaises, puisqu'aucune d'elles n'est arrivée à luire au-dessus des autres pour le bien de l'humanité.

A propos du budget de la Légion d'honneur, on a porté à la tribune l'*insignifiante* question des enfouissements religieux et des enterrements civils.

Encore une fois, je dirai au clergé : « Vous tenez à ne pas laisser aller notre cadavre sans lui dire un dernier mot? C'est fort simple. Ne prenez rien pour cela. »

Il y a, à Bruxelles, une société qui s'appelle la *Libre-Pensée*. On s'abonne moyennant 50 centimes par an, et l'on a des funérailles magnifiques dans un char qui est un véritable objet d'art.

La *Libre-Pensée* fait une rude concurrence aux pompes ecclésiastiques. On est abonné ou on ne l'est pas. Le mort n'a qu'à présenter la dernière bande imprimée...

En Turquie, les honneurs funèbres respirent je ne sais quoi de grave et de solennel. Le corps est lavé avec soin, on le fait sécher, on jette du camphre sur les mains, sur les pieds, les genoux et le front du mort ; puis le corps, religieusement enveloppé d'une étoffe blanche sur laquelle sont inscrits plusieurs versets du Coran, est exposé dans une bière et placé sur des tréteaux à la porte de la maison.

Après quelques heures, le prêtre musulman jette de l'eau sur le corps, que l'on transporte alors à sa dernière demeure.

Là, après l'avoir placé doucement sur le côté et avoir tourné sa figure vers la Mecque, l'officiant s'avance sur le bord de la tombe et prononce les paroles suivantes :

« Je crois en un seul Dieu tout-puissant, et

j'adore lui seul. Je crois que Mahomet est le messager de Dieu sur la terre, et qu'il est le prophète des prophètes... »

Puis, le prêtre s'adresse au mort et l'interpelle par son nom :

« Écoute, les deux messagers de Dieu vont te visiter et ils t'adresseront les paroles suivantes :

— Quel est ton Dieu ?

Et tu leur diras :

— Dieu le très-haut et le tout-puissant est mon maître.

— Quel est ton prophète ?

Et tu leur diras :

— Mahomet, *créature de Dieu le créateur.*

— Quelle est ta religion ?

— L'Islamisme, *la seule vraie religion.*

— Quel est ton livre ?

— Le Coran est mon livre.

— Où est ton temple?

— La sainte mosquée de la Mecque est mon temple. »

Le religieux continue :

« Sache bien que la mort est vraie ; que les ulémas sont justes ; que le ciel et la terre existent ; que l'enfer ainsi que le jour du jugement sont vrais... »

Après une prière, le prêtre jette un peu de terre sur le corps, chacun imite son exemple, et, pendant que la fosse s'emplit, le prêtre et les assistants récitent quelques versets du Coran.

C'est là un enterrement qui en vaut bien un autre, et cependant nous serions surpris d'apprendre qu'un officier du Medjidié, ayant préféré se passer de camphre et de conseils posthumes, le ministre de la guerre ottoman a pensé qu'on dût lui refuser la société de quatre bachi-bouzouks et un caporal.

Que serait-ce si on nous télégraphiait que le cabinet est menacé pour un pareil détail?

On a rappelé à l'Assemblée de Versailles (Seine-et-Oise) les préliminaires du Concordat.

Le pauvre Pie VII n'était pas aussi fier que l'est actuellement M. Dupanloup.

Il écrivait « *aux vénerables frères, archevêques et évêques de France* » pour les engager à faire place aux prêtres constitutionnels...

Et comme sa lettre est démesurément longue, il l'appelle « *un bref* ».

« Vénérables frères, salut et bénédiction apostolique!

« ..... Le rétablissement de la religion catholique en France exige de vous un nouveau témoignage de grandeur d'âme. *Il faut que vous vous démettiez spontanément de vos siéges épiscopaux...*

« Plus le sacrifice sera amer, plus il sera agréable à Dieu. »

Et Pie VII rappelle le passage de saint Augustin :

« Ce n'est pas pour nous que nous sommes évêques... Et c'est parce que nous n'existons pas pour nous que nous devons être ou n'être pas, suivant les besoins spirituels de ceux qui doivent être *gouvernés sans scandale.* »

Le bref continue :

« Ne croyez pas, dit saint Grégoire de Nazianze, ne croyez pas que tous ceux-là perdent Dieu qui descendent du trône. Ils en occuperont un dans le ciel bien plus élevé et *bien plus sûr.* »

(Je n'ai aucune raison d'en vouloir à saint Grégoire de Nazianze, et je déclare que *bien plus sûr* est un chef-d'œuvre.)

Le bref est accompagné de la lettre suivante — qui est comme une fiche de consolation :

« Monseigneur,

« En exécution d'un ordre exprès de S. S. Pie VII, je transmets à V. S. I. le bref qu'elle trouvera ci-inclus....

« Sa Sainteté n'a pas manqué de faire tous ses efforts, Monseigneur, pour vous conserver votre siége.... S. S. toutefois me charge de vous assurer qu'elle vous a RECOMMANDÉ AU PREMIER CONSUL.... (!!!)

« Signé :

« DE V. S.

« Le très-humble et très-obéissant serviteur,

« C. ERSKINE. »

Peut-être aurai-je à revenir sur ce sujet et à raconter quelle fut la tenue et la conduite des prélats français réfugiés à Londres au nombre de dix-huit.

Je terminerai par ces mots que me disait hier mon vieil ami, le professeur Claudius : « J'ai un Dieu plus grand que les autres, celui qui laisse aller les choses. Il est parlé dans toutes les Écritures des anges déchus pour cause d'orgueil. Nous sommes leurs descendants. Les anges déchus disaient entre eux autrefois : Si j'étais Dieu...

« Et Dieu leur donna la terre pour essayer leurs forces.

« Ils se sont débattus et n'ont rien fait de bon.

« A chaque erreur, à chaque faute, à chaque crime, la majesté de Dieu m'apparaît plus grande... »

Et Claudius ajouta :

« Je suis sûr que, quand l'indignation m'arrache quelque blasphème, le Dieu sourit en pensant : En voilà un qui ne se résigne pas. Il voit bien que ce n'est là qu'une expérience douloureuse, un état transitoire, un châtiment... Il se révolte contre le mal, et, s'il blasphème, c'est qu'il a du cœur et qu'il s'y connaît en justice ! »

RELIGION. — FAMILLE. — PROPRIÉTÉ

Les choses ont bien changé depuis le temps où

Quatre bœufs attelés, d'un pas tranquille et lent,
Promenaient, dans Paris, le monarque indolent !

Les monarques aujourd'hui se promènent au galop de leurs chevaux et prennent souvent les trains express pour gagner la frontière et échapper à l'amour de leurs peuples.

Logiquement, il ne devrait y avoir qu'une opinion. Que faut-il donc pour soulever un élan universel dans lequel tous les esprits seront tendus vers les intérêts nationaux?

N'est-ce pas une pitié de voir tant de serviteurs aux gages de tout ce qui prétend être un parti? La réaction a ses violents et ses comiques, comme un orchestre forain a des tambours et des fifres.

Que de fripiers pour déguiser la vérité! C'est à qui lui mettra son masque et lui imposera sa grimace. Sortie toute nue de son puits, elle étouffe sous les oripeaux.

Voyez ce brigand espagnol, cet incendiaire, ce pillard! Il a pour partisans et pour flatteurs ceux qui accusent la République de n'avoir pas été assez sévère envers la Commune qu'elle a terrassée!

Ah! c'est que celui-là tient son droit de Dieu et de son épée! — Son droit! Mais toute espèce de force, injuste ou non, peut également prétendre être émanée de Dieu, expression qui ne présente autre chose que le succès obtenu par le plus fort sur le plus faible, attribué à une volonté particulière de la Divinité; droit abusif, qui serait détruit par les premiers efforts d'un révolté puissant. Ce dernier, écrasant l'oppresseur, pourrait prétendre avoir acquis un droit également émané de Dieu.

Il reste *son épée!*

Mais le droit de l'épée est celui du conquérant.

Et ce conquérant ne pouvant acquérir le droit qu'il tenait de son épée qu'en employant celle de ses sujets, il s'ensuit que ce droit de l'épée appartient à la nation qui la prête. Il ne peut s'exercer au plus que sur des vaincus, mais nullement se rétorquer contre ceux mêmes qui ont aidé à la conquête.

Le droit de l'épée étant le même que le droit de Dieu, lequel ne représente que le droit du plus fort, n'est point du tout un droit, puisqu'il peut passer successivement à tous les partis qui auront eu l'art de se rendre les plus forts.

Il n'y a donc qu'un droit divin, celui de la masse, celui du peuple.

Qu'en fait-il? et où se laisse-t-il mener?

En examinant l'accroissement rapide des richesses qui s'est opéré, pendant les cinquante dernières années, chez toutes les nations de l'Europe, plusieurs publicistes, surpris de trouver encore, parmi elles, des pauvres et des indigents, se sont demandé de bonne foi si cette augmentation du capital social avait réellement tourné au profit de l'association. Effrayés de la brusque substitution de la machine aux bras de l'homme, de cette dépossession brutale des instruments de travail; de cette lutte trop souvent renouvelée du travail contre la misère, et de ces crises commerciales qui sont venues attrister les contrées les plus prospères, la plupart se sont décidés pour la négative. A leur tête, Malthus l'a fait d'une manière désolante pour l'avenir de l'humanité. Le temps s'est chargé de réfuter ses erreurs.

Nous sommes à une époque où tout semble remis en question.

Un doctrinaire a dit : « Il n'y a pas de mal à ce que le peuple sente ce que coûtent les révolutions. »

A ce compte, nous n'aurions qu'à nous résigner, acceptant le premier pouvoir despotique qui saurait s'emparer des boutons du télégraphe et de la préfecture de police.

L'impulsion intellectuelle est immense et donne cependant des résultats médiocres. Dans toutes les subdivisions des connaissances humaines, vous trouvez tant de choses à apprendre, un si grand amas de matériaux à remuer, que le courage vous manque. On s'en tient le plus souvent à une branche que l'on exploite. Celui-ci s'adonne à la botanique; celui-là se voue aux charançons. Il y a des hommes qu'absorbe la machine à vapeur, d'autres qui vivent d'étymologies.

Les plus remarquables sentent le besoin de ramener toutes les doctrines et tous les faits à quelques points généraux et culminants ; d'embrasser l'ensemble et de saisir les rapports. Ceux-là gravissent la montagne et découvrent l'horizon; mais, d'une cime aussi élevée, on cesse de saisir les détails.

Quant à la masse, elle parle de tout, mais superficiellement; elle lit tout, mais rapidement. Les mœurs deviennent paisibles, mais la difficulté de gouverner s'accroît.

Il faut marcher toujours et marcher vite. Ainsi roulent, avec une énergie, une précipitation qui s'accroît sans cesse, les flots de la civilisation dont la pente est plus rapide et le cours plus violent, à mesure que les siècles s'enfuient.

Les réacteurs, les gens qui s'efforcent de retenir l'humanité dans sa marche majestueuse et progressive, ne manquent pas de prétextes pour excuser leur égoïsme et colorer leur stupidité. Ils s'appuient sur les trois principes fondamentaux de toute société : la religion, la famille, la propriété.

Parlons d'abord de

LA RELIGION.

Cette religion, c'est celle du Christ, qui s'est dit le fils de l'homme et le fils de Dieu.

C'est la religion d'amour et de charité, de miséricorde et d'égalité.

Qu'ont-ils fait de la semence de Dieu? Quel parti ont-ils pu tirer à leur avantage des paroles qui les ont condamnés?

Dans le sermon sur la montagne, le Christ a

dit : « Ne jugez point, et vous ne serez pas jugés...

« Remettez et on vous remettra.

« Donnez et on vous donnera...

« Comment pouvez-vous dire à votre frère de se laisser ôter la paille qui est dans son œil, vous qui ne voyez pas la poutre qui est dans le vôtre? Otez-la premièrement. »

Chez le pharisien :

« Vous avez grand soin de tenir net le dehors de la coupe et du plat, mais le dedans de vos cœurs est plein de rapines, d'iniquité et d'impureté.

« Insensés que vous êtes ! Celui qui a fait le dehors n'a-t-il pas fait aussi le dedans ?

« Malheur à vous, pharisiens, qui aimez à avoir les premières places dans les synagogues, et qui aimez qu'on vous salue dans les places publiques !

« Malheur à vous, hypocrites, conducteurs aveugles, parce que, sous prétexte de longues prières, vous dévorez les maisons des veuves !

« Malheur à vous, pharisiens, parce que vous êtes semblables à des sépulcres blanchis, qui au-dehors paraissent beaux, mais au dedans SONT REMPLIS D'OSSEMENTS DE MORTS ET DE TOUTE SORTE DE POURRITURE ! »

Alors un des docteurs de la loi, prenant la parole, lui dit : « Maître, vous nous déshonorez. »

Jésus lui répondit :

« Malheur aussi à vous autres, docteurs de la loi, qui chargez les hommes de fardeaux qu'ils ne sauraient porter... »

Voilà, n'est-ce pas, une religion bien pratiquée par ceux qui nous la recommandent ?

Mais le Christ n'a pas dit un mot qui ne soit la condamnation de ceux qui osent invoquer sa parole !

Voulez-vous continuer les citations ?

Les disciples demandent :

« Qui est le plus grand dans le royaume des cieux ? »

Jésus répond :

« Si quelqu'un veut être le premier, il sera le dernier. »

Avez-vous oublié la parabole des deux fils ?

« Un homme avait deux fils. S'adressant au premier, il lui dit : « Mon fils, allez-vous-en aujourd'hui travailler à ma vigne. »

« Son fils répondit : Je n'y veux pas aller.

« Mais bientôt, touché de repentir, il y alla.

« Le père vint ensuite trouver son autre fils, et lui fit le même commandement.

« Celui-ci répondit : J'y vais. — Et il n'y alla point.

« Lequel des deux a fait la volonté de son père ?

« Le premier, répondirent les disciples.

« Alors Jésus ajouta : « Je vous dis, en vérité, que les publicains et les femmes prostituées vous devanceront dans le royaume des cieux. » (Matth., XXI. — Marc, XII. — Luc, XX.)

« Vous serez bienheureux, lorsque les hommes vous haïront, lorsqu'ils vous sépareront, lorsqu'ils vous traiteront injurieusement, lorsqu'ils rejetteront votre nom comme mauvais. »

« Malheur à vous qui êtes rassasiés, parce que vous aurez faim ! »

« Malheur à vous, qui riez maintenant, parce que vous serez réduits aux larmes ! »

« Gardez-vous des faux prophètes, qui viennent à vous couverts de peaux de brebis, et qui, au dedans, sont des loups ravissants. »

« Tout arbre qui ne produit point de bons fruits sera coupé et jeté au feu. »

Rappelez-vous enfin la parole de saint Jean :

« Que celui qui a deux vêtements en donne un à celui qui n'en a point, et que celui qui a de quoi manger en fasse de même ! »

Mais on voit arriver dans l'Évangile même les pères de ceux qui sont aujourd'hui les gens comme il faut, les conservateurs... Pilate leur demande :

« Lequel aimez-vous le mieux que je vous délivre, de Jésus, qui est appelé Christ, ou de Barabbas, un insigne voleur ? »

Les princes des prêtres et les sénateurs n'hésitent pas une minute.

Ils préfèrent Barabbas !

Barabbas est aujourd'hui banquier dans une rue que je ne veux pas nommer, et il appartient à un groupe politique que la prudence la plus élémentaire m'interdit de désigner.

Ce n'est plus seulement quand le coq chante qu'on renie Jésus ; c'est aussi quand l'aigle crie et quand les lis entr'ouvrent leurs feuilles.

Judas a fait des petits.

On s'est étonné, dernièrement, de la fréquence des suicides dans certaines classes de la société. Soyez persuadés qu'il y a du remords là-dessous.

Matthieu, Marc et Luc nous l'ont dit :

« Judas, voyant que Jésus était condamné, se

repentit de ce qu'il avait fait ; et, rapportant les trente pièces d'argent aux sénateurs, il leur dit : « J'ai péché en trahissant le sang innocent. » Ils lui répondirent : « Que nous importe, c'est votre affaire. »

« Alors Judas jeta cet argent dans le temple, et il alla se pendre. »

La religion du Christ n'a pas besoin d'être protégée par la force.

Celui qui a fait remettre l'épée dans le fourreau se trouverait bien mal servi.

Ses préceptes sont restés au cœur de la foule.

Voyez nos cimetières. N'est-ce pas sur les tombes les plus humbles qu'il y a le plus de fleurs?

Quand le faste a élevé son monument, la dette du riche est payée ; sa douleur a fait ses preuves. Le pauvre apporte chaque jour sa prière et ses genoux....

C'est dans la masse, c'est en bas, comme vous dites, messieurs, que la religion a étendu ses larges et bienfaisantes racines. La religion est surtout dédaignée parmi ses défenseurs. Elle est en oubli dans la lie de l'aristocratie.

*
* *

On a pu croire un instant, après 1789, que la société française avait, en même temps que les

Suisses gagés et les tabourets à la cour, balayé les abus, les superstitions des vieux régimes, les priviléges de caste, les vexations administratives et les préférences du pouvoir.

La proclamation des droits de l'homme ouvrait la route à la société nouvelle ; les prêtres innocents avaient payé la dette des inquisiteurs, et on pouvait espérer que la France serait enfin délivrée des petites tyrannies politiques et religieuses.

Bientôt Napoléon prenait ses généraux et ses ducs parmi les aubergistes et les palefreniers : c'était le dernier mot de l'égalité ; mais l'Invasion, en relevant le trône qu'avait renversé la nation, remettait la camisole de force aux mains de l'autorité. L'article de foi s'imposait de nouveau au peuple qui avait brûlé les autels, et le Dieu en trois personnes, proclamé par le Pape infaillible, reprenait possession des églises de campagne, avec le cortége oublié des péchés mortels et des flammes de l'autre vie.

Tandis que les intéressés implantaient de nouveau sur notre sol épuisé l'épouvantail des damnations éternelles, le gouvernement issu de nos désastres s'efforçait de reconquérir, par des moyens administratifs, la puissance qui avait roulé sous l'échafaud, et qui malheureusement, n'était pas montée au ciel avec le fils de saint Louis.

C'est alors que commença ce travail de patience qui finit par envelopper la société moderne comme d'un réseau de fils d'acier imperceptibles ; si bien que, après le coup d'État du 2 décembre, il était devenu impossible de faire un pas ou un geste, sans que ce geste ou ce pas eussent été prévus par une loi, un décret ou une ordonnance.

Le second Empire n'eut à toucher qu'aux libertés politiques ; les autres libertés avaient été étouffées depuis longtemps. Sous ce rapport, la besogne était faite ; trois monarchies avaient déjà passé par là.

Qu'est devenue la famille dans cette société avide, pressée de jouir, où chacun veut paraître et briller ? Avant de savoir où en est la famille, voyons ce que les Philistins ont fait de la femme.

Le sort de la femme dans l'état social est un problème que toutes les législations ont essayé de résoudre d'après les idées et les préjugés de l'époque qu'elles avaient mission de gouverner, mais qui, il faut le dire à l'honneur de la société moderne, n'a jamais approché autant qu'aujourd'hui de sa véritable solution. Au milieu de toutes ces questions si graves et si multiples qui se dressent sans cesse aux yeux des philosophes et des moralistes, et qui font dire que l'homme, en travail d'un idéal qui réponde à sa mission dans le monde, cherche incessamment sa voie sous l'impulsion de Dieu qui le guide, celle de la situation de la femme dans l'état social apparaît à chacune des transformations de l'esprit humain et à chacun de ses progrès comme une de ces vérités qui doivent l'occuper sans cesse.

La famille est le premier germe de la société, la première école des sentiments et des devoirs. De l'idée de famille résulte nécessairement l'idée de propriété : la propriété, c'est-à-dire l'application du travail, est un droit aussi sacré que la liberté individuelle. Les inégalités qui résultent du monopole et du privilége sont funestes ; les variétés dans les conditions, fondées sur le travail, l'ordre et l'économie, sont l'exemple et la vie des sociétés.

M. Paul Boiteau a fait un résumé rapide du rôle de la femme depuis les temps les plus reculés jusqu'à nos jours, comme disent les marchands de briquets.

Les trois quarts des peuples de l'Asie, de l'Afrique et du nouveau monde nous offrent le triste spectacle de leurs bestiales familles, où la femme trouve à peine le temps de mettre bas et épuise incessamment sa vie en efforts supérieurs à ses forces.

Chez quelques peuplades de l'Amérique du Nord, les femmes se refusaient à nourrir leurs filles et préféraient les faire périr en naissant plutôt que de leur continuer une vie qui ne devait être qu'un long supplice.

En Chine, on leur brise les pieds; elles s'en croient plus belles; mais, en réalité, c'est une façon de les contraindre à garder la maison. Aux Indes, les femmes qui se brûlaient vives ne faisaient qu'obéir à la jalousie impitoyable du mari défunt.

Ce sont les femmes qui ont fait la révolution chrétienne; elles ont, les premières, salué l'égalité des âmes; et, dans les catacombes de Rome, ce sont les femmes qui ont laissé le plus d'ossements.

Cependant, La Bruyère est d'avis que les femmes ne doivent pas mettre la main au pouvoir.

« Pourquoi, dit-il, s'en prendre aux hommes de ce que les femmes ne sont pas savantes? Par quelles lois, par quels édits leur a-t-on défendu d'ouvrir les yeux et de lire, de retenir ce qu'elles ont lu et d'en rendre compte ou dans leurs conversations ou dans leurs ouvrages? Ne sont-elles pas, au contraire, établies dans cet usage de ne rien savoir, ou par la faiblesse de leur complexion, ou par le soin de leur beauté, ou par un éloignement naturel des choses pénibles et sérieuses? Mais à quelque cause que les hommes puissent devoir cette ignorance des femmes, ils sont heureux que les femmes, qui les dominent d'ailleurs par tant d'endroits, aient sur eux cet avantage de moins? »

L'immixtion des femmes dans les affaires publiques est le rêve d'une dangereuse sentimentalité.

En effet, qui leur donnera la force?

Et puisqu'elles ne peuvent être soldats, ni monter sur les flottes de l'État, puisqu'elles ne peuvent supporter les fatigues auxquelles les hommes s'exposent, comment, incapables d'y contribuer, disposeraient-elles de la force publique?

Quel serait, du reste, le rôle de la femme dans une Assemblée? Hélas! les applaudissements seraient le plus souvent accordés à la beauté.

Est-ce la peine de chasser la tendresse de nos âmes, et des leurs la pudeur et la chasteté?

La femme la plus vertueuse, a dit un ancien, est celle dont on parle le moins.

Et le général Bonaparte, dans sa brutalité :

« La première des femmes est celle qui fait le plus d'enfants. »

Trente ans plus tard, les saint-simoniens prêchaient leur passagère doctrine :

« Il faut que l'individu social qui, jusqu'à ce jour, a été l'homme seulement, soit désormais l'homme et la femme.

« La religion de Saint-Simon ne vient que pour mettre fin à ce trafic honteux, à cette prostitution légale qui, sous le nom de mariage, consacre fréquemment aujourd'hui l'union monstrueuse du dévouement et de l'égoïsme, de la jeunesse et de la décrépitude. »

Les saint-simoniens se mirent à construire des chemins de fer, à réaliser de grosses fortunes, — et s'occupèrent du sort des femmes un peu moins que le commun des citoyens.

Un écrivain qui est en même temps un penseur, Jules Simon, a beaucoup fait pour la famille dans ses ouvrages sur l'*Ouvrier* et sur l'*Ouvrière*.

Je le cite :

« Contre la vieillesse et la maladie, la première et la meilleure ressource de l'ouvrier, c'est d'avoir une famille, de l'aimer et d'en être aimé...

Les femmes ne peuvent être heureuses que chez elles, les ouvriers ne peuvent être heureux que par la famille. Quant aux enfants, où donc est l'homme de cœur qui a pu voir sans frémir ces bandes d'orphelins, qui errent comme de jeunes sauvages dans les rues d'une grande ville, exposés à tous les accidents et à tous les vices? Et la mère travaille, loin d'eux, pendant douze heures pour leur gagner du pain! Est-ce que cela peut durer?

« Non. »

Voilà très-rapidement esquissée la situation actuelle, brûlante, presque désespérée.

Famille et propriété sont deux idées qui se tiennent. Or, la famille se désagrége, se refroidit, s'en va.

D'autre part, les grandes fortunes contemporaines ne sont que rarement le fruit du travail, de l'industrie, d'une sage économie. La plupart viennent du jeu. Il semble que la fortune publique consiste réellement dans ces paquets de paperasses que la Bourse remue incessamment.

L'agiotage tue la propriété et la fortune devient un scandale.

Par où commencer les réformes?

Le 4 Septembre a trouvé un pays pourri; chacun songeant à soi; le paysan cachant son argent; les uns disant : « Encore une bonne défaite — et que cela finisse! » les autres : « Puisque la résistance est impossible, autant en rester là! » — Et, après le traité maudit qui nous séparait de Metz et de Strasbourg, les premiers endroits qui aient repris leur physionomie sont les cafés et les *boui-bouis*.

Ce qu'il y a de stupéfiant chez les gens qui prétendent *conserver* la société, c'est leur entêtement presque bestial. Il y a chez ces gens-là de la marmotte et du serpent. Vous n'arriverez à reconstituer sérieusement la famille que par le divorce. La question du divorce est une des questions brûlantes de l'époque actuelle. Le divorce existe en Angleterre, en Russie, en Belgique, en Allemagne, en Suisse; et la France, le pays par excellence des faux ménages et des fausses situations, la France en est encore à ce compromis odieux qu'on appelle cyniquement la *séparation des corps!* régime qui ne peut avoir été inventé que par l'amant d'une femme mariée, qui craignait qu'on ne lui fît épouser sa maîtresse.

L'officier de l'état civil qui unit le monsieur et la dame, se garde bien de faire connaître toutes les facilités qu'il y a de rompre de pareils nœuds. C'est l'affaire d'un millier de francs à un avoué. Il fournit tout, les accusations, les témoins et le reste. Il ouvre votre table de nuit, et, s'il n'y trouve rien de sale, il en met. Et l'homme serait peut-être heureux avec une autre femme; la femme serait contrainte d'être bonne épouse d'un autre mari.

Le mariage parisien est devenu une sorte d'escroquerie où chacun des époux cherche à recevoir le plus et à donner le moins. Quand le tour est fait, il n'y a plus de raison de continuer.

Ainsi, religion, famille et propriété s'émiettent aux mains de ceux qui prétendent avoir assis leur système gouvernemental sur ces trois principes sacrés et inséparables.

Ils n'ont ni l'énergie, ni la vertu ni l'abnégation. Ils veulent que le présent soit la suite du passé et non le commencement de l'avenir.

Le côté matériel de la vie est le seul qui les préoccupe.

Morgan a raconté, dans la *Révolte des Abeilles*, l'utopie complète des âges futurs tels que l'industrie doit les faire un jour. C'est la magie naturelle, résultat des efforts et des capitaux de plusieurs siècles.

Jusqu'ici, en multipliant notre capacité de jouissances, on n'a pas trouvé le secret de faire suivre une proportion égale à notre capacité de bonheur. Car les jouissances sont une excitation, non un état permanent; une fièvre, non un état de santé.

Ce qui est juste, vrai, beau et moral, on le déclare dangereux et on le repousse.

Allez donc, tant qu'il vous restera quelque souffle, radoteurs de l'ordre, menteurs de la conservation. La révolution vous entoure et monte avec la majesté d'un océan.

La science et la politique assiègent votre refuge de boue et de sable; vous allez être submergés.

Deux forces invincibles préparent la société rationnelle : Révolution physique, par la vapeur; révolution sociale, par le suffrage universel.

RENÉGAT

On a plaint souvent le comédien. Triste ou gai, il faut, le soir venu, paraître devant le public. Un comique, qui vient de perdre sa mère ou son enfant, n'a pas le droit d'arrêter la représentation; son deuil coûterait deux ou trois mille francs à son directeur et à ses camarades! Aussi a-t-on vu quelquefois un bobêche ou un jocrisse faire rire toute une salle, tandis que lui-même avait les yeux pleins de larmes.

Tel est le sort du chroniqueur parisien qui voudrait se voiler la face et se couvrir la tête de cendres, à la nouvelle que la France n'a pas de local pour loger le Sénat, et qui, bon gré, mal gré, est obligé de raisonner les événements et de mettre des papillottes à l'histoire contemporaine.

Pas de local pour le Sénat! et l'impitoyable directeur de l'*Événement* exige de nous cette liberté d'esprit, cette indépendance d'allures qui conviennent si peu à la profondeur de notre désespoir!

Hé quoi! si demain, si dans un mois, si dans trois mois, il se présentait quelque sénateur à Versailles, on lui répondrait :

— Désolés, mon brave homme, mais il faut aller à l'hôtel!...

Arrêtez, législateurs! Pasteurs des peuples, suspendez vos travaux! Fleuves et rivières, remontez vers votre source! Moulins, pliez vos ailes ou suspendez vos roues. Il n'y a pas de local pour le Sénat.

Quand ce local sera bâti, vous pourrez reprendre votre petit train-train ; pas avant!

C'est le cas de dire avec le prophète Jérémie :

« O montagne de contagion qui voudrais corrompre toute la terre, j'étendrai ma main sur toi, dit le Seigneur ; et on ne tirera point de ton sein de pierres ni pour la fondation ni pour l'angle de l'édifice. »

Il est heureux que le mouvement ordinaire de la vie, mouvement qui résulte de l'impulsion donnée et de la force acquise, me fournisse un canevas à couvrir, — je n'ose dire : à broder.

C'est d'abord la prochaine ouverture de l'exposition, que je salue tous les ans comme le retour du printemps.

Le Palais de l'Industrie fait sa toilette et va bientôt nous ouvrir ses portes.

Il est peu de nations qui aient produit autant d'inventeurs dans les sciences, dans les arts que la nation française, et il n'en est aucune chez laquelle les inventeurs soient moins connus. Les étrangers sont, à cet égard, plus soucieux de leur gloire. Ils ont recueilli et adopté cent découvertes, faites en France, et abandonnées ou par l'insouciance de leurs auteurs, ou par l'impuissance dans laquelle on les a laissés.

En Angleterre, le génie de l'homme reçoit des ailes ; en France, on ne lui met que des entraves. C'est à des règlements absurdes et vexatoires qu'il faut attribuer le peu de progrès que les arts ont faits pendant si longtemps parmi nous.

L'artiste, comme je l'entends, est l'intermédiaire entre le savant et l'artisan ou ouvrier. Il n'est pas toujours facile d'établir une démarcation fixe entre les artistes et les artisans.

Un achitecte est un artiste dont les talents dérivent immédiatement des sciences mathématiques; et un maçon est un artisan dont la main-d'œuvre dérive de l'architecte et qui lui est en tout subordonné.

L'Académie définit l'*artiste*, celui qui travaille dans un art où le génie et la main doivent concourir.

Mais quel est l'ouvrier chez qui l'intelligence ne soit pas exigible pour ses travaux?

Il n'y a pas d'écrivain, sans en excepter Rousseau, qui n'ait reconnu la supériorité des savants sur les artistes, comme celle des artistes sur les artisans.

Rousseau est cependant l'auteur le plus favorable au système qui donnerait la préférence aux ouvriers; car ce n'est pas relativement à leur mérite, mais à leur utilité dans une nation, qu'il leur a donné la prépondérance.

Sans doute, à ne considérer que l'utilité, le

peintre et le sculpteur le céderaient au cordonnier; mais, sans nous perdre dans cette question inutilement agitée, examinons quelle a été la part d'estime et l'influence que les artistes ont obtenue dans les différents siècles.

Dans les commencements de chaque nation, nul doute que les artisans n'aient obtenu la préférence, et que les artistes aient à peine trouvé l'existence, les sciences n'ayant donné les principes des arts qu'après les avoir longtemps observés.

Ce sont les artisans qui, naturellement et sans études, ont préludé aux sciences en donnant matière aux observations des savants qui, ensuite, ont dirigé les artistes. Il y a eu des maisons avant qu'il y eût des architectes.

C'est l'histoire de l'industrie qui est réellement celle des artistes.

Les obélisques, les pyramides, les palais de Ninive et de Babylone, les fabriques de verre de Sidon attestent l'existence des sciences par les monuments des artistes.

Les principaux objets d'art dont nous parlent les Juifs sont l'arche de Noé, la harpe de David et le veau d'or.

Les Grecs furent donc les premiers de tous et les premiers en tout : peintres, architectes et sculpteurs.

Malgré le dédain tout moderne de certains artistes pour l'industrie, il faut bien avouer que les artistes n'existeraient que comme ouvriers sans les hommes savants de leurs arts; mais où seraient les savants sans les producteurs?

Les ouvriers, sans doute, suffiraient et ont suffi aux besoins de l'humanité; mais quel est le sort de l'homme réduit à la seule satisfaction des besoins de la nature et à ses premières jouissances? C'est aux artistes qu'il a été redevable dans tous les temps de son bonheur et de sa gloire.

Rien n'est isolé dans l'ordre de la société telle que la Révolution l'a reconstruite, pas même les préjugés et les entêtements qui repoussent cet ordre de choses, pas même les individus qui ont la prétention de former bande à part.

En France, l'agriculture a fait peu de progrès; elle a trop longtemps manqué d'encouragements, de lumières peut-être. Il n'en est pas ainsi de l'industrie; la population manufacturière, riche et instruite, peut se passer de la protection de nos hommes d'État; elle a même plus à craindre qu'à espérer d'eux. Ce qu'elle redoute, ce n'est pas l'obligation de fabriquer à bon marché, c'est le retour aux idées du passé; c'est que la mendicité ne redevienne une profession, comme au temps où l'entourage d'une troupe affamée et en guenilles était pour les dames de paroisse un objet d'étiquette et de luxe...

A côté de ces réflexions sérieuses et bien senties (je m'en flatte), il ne me reste, pour me tenir au courant de l'actualité, qu'à dire quelques mots de l'aventure du nouveau juif de ces derniers temps, le juif le plus récent que nous ayons.

On annonce qu'un jeune gentilhomme, titré d'une façon ronflante, mais piteusement désargenté, a voulu épouser une belle et riche israélite.

La famille de la demoiselle a mis pour condition au mariage que le jeune homme se ferait juif.

Dam! il s'est fait juif.

Et voilà que, réflexion faite, la famille le refuse.

A présent qu'il est tonsuré à la mode hébraïque, ce jeune homme, sa situation devient pénible.

Il fait un procès à celui qui devait être son beau-père, et réclame des dommages et intérêts.

Je comprends les *dommages*, puisque les intérêts lui échappent.

La question va être portée devant les tribunaux pour y être tranchée.

On pourrait bien renvoyer les adversaires dos à dos ; car, depuis qu'il a abjuré la foi de ses pères, le jeune gentilhomme a une chance singulière dans toutes les opérations ; catholique, il avait toujours perdu à la Bourse, et, grâce au Dieu de Moïse, il y réussit parfaitement aujourd'hui.

Quoi qu'il arrive, je doute que le réclamant rencontre de grandes sympathies ; pour moi, l'homme qui change de religion mérite d'être calotté.

LA PEINE DE MORT

Il faudrait fermer les yeux et se boucher les oreilles pour ne pas s'apercevoir que nous vivons dans une sorte de malaise général. Quelque chose nous dit que nos aventures ne sont pas terminées.

A chaque instant, nous jetons des regards inquiets sur nos frontières, — et de là, sur notre situation intérieure.

Sans qu'il y ait rien de défini dans nos craintes, nous cherchons quelque part un appui, un soutien.

Ce que nous éprouvons est indéfinissable ;

c'est l'inquiétude du chat la veille d'un orage.

Chaque matin, un certain nombre de journaux cherchent à nous rassurer. Ils disent que la Russie et l'Angleterre ne sauraient assister froidement à un écrasement de la France.

Ces deux puissances nous ont cependant prouvé leur indifférence à cet égard.

La Russie possède déjà la moitié de l'Asie ; elle a assez à faire de ce côté-là. Quant à l'Angleterre, elle s'intéressera à notre sort le jour où, la mer s'étant retirée, la Grande-Bretagne sera réunie au continent.

D'ici là, nous n'avons à compter que sur nous mêmes.

Il me semble que, puisqu'on ne fait pas de politique, on devrait faire au moins de la législation. La France est donc en jachère que rien n'y pousse en ce moment ?

Les idées générales ne sont même plus discutées ; bien plus, elles semblent être tombées dans l'oubli.

La philosophie même pratique l'abstention.

« A demain, les affaires sérieuses ! » tel est le mot d'ordre ; mais celui qui l'a prononcé le premier avait sur nous l'avantage de s'amuser.

Et cependant, la machine terrestre n'est point arrêtée. C'est un entr'acte, voilà tout.

Il y avait autrefois des nations plus ou moins civilisées, plus ou moins unies entre elles, il n'y avait point d'humanité.

Vous savez qu'en fixant patiemment les yeux sur le cadran, on finit par voir marcher les aiguilles d'une pendule. Il en a été ainsi de la marche ascendante que suit l'humanité depuis son origine.

La société a soif de moralité, d'instruction et de bien-être.

Les vieux partis, s'accrochant aux branches pourries, peuvent retarder l'aurore nouvelle ; mais c'est vainement qu'ils se débattent contre les principes de mort qui se sont développés en eux ; ils disparaîtront successivement, ou plutôt chacun d'eux ira porter au parti de l'avenir ce qu'il y a d'immortel en lui.

Cette fusion sera longue à se faire évidemment ; car il y a dans chaque parti une opiniâtreté singulière à se croire le parti par excellence. Chacun d'eux a en lui un principe rationnel ; ils ne voient que ce principe et condamnent sans restriction tout ce qui est en dehors.

Cependant cette opiniâtreté décroît, s'amollit graduellement, par lassitude, par quelque conviction nouvelle qui pénètre les hommes malgré l'armure dont ils sont recouverts.

Un fait digne d'arrêter notre attention, c'est le nombre extraordinaire d'exécutions qui ont lieu depuis quelque temps.

Après les conseils de guerre, les jurys semblent avoir redoublé de sévérité.

Sans doute, les assassins et les empoisonneurs ne sont guère intéressants. Aussi n'est-ce pas pour eux, mais pour nous, pour la société tout entière, que la question doit être discutée jusqu'au bout.

Au moment où les hommes les plus remarquables tournent leurs regards vers la législation pénale, il est bon de rechercher si, comme le prétendent encore quelques esprits étroits, quelques intelligences livrées à l'ilotisme de la routine, la peine capitale, envisagée sous le rapport de sa nécessité, donne à la société une garantie qui justifie son maintien ; si, en un mot, la France, au XIXe siècle a besoin d'avoir recours aux exécutions sanglantes pour conserver le repos des citoyens ; si leur sécurité exige que le sang des coupables se répande avec appareil sur les places publiques, ou bien si le gouvernement n'atteindrait pas mieux le but qu'il se propose en améliorant le sort des misérables que l'abandon de toute autorité et de tout soutien a jetés sur les bancs de la cour d'assises.

Le siége de Paris, la Commune, et les exécutions qui suivirent l'entrée des troupes, ont laissé cinquante ou soixante mille orphelins.

Je ne puis m'empêcher de frémir en songeant à ce qu'ils seront dans vingt ans d'ici. Comment espérer que ces enfants *tournent bien?* expression familière qui rend absolument notre pensée.

Les hommes qui alimentent les tribunaux sont pour la plupart des êtres privés de toute instruction, ignorant jusqu'aux premiers éléments du langage, et livrés à la misère dès leur plus tendre enfance. Croyez-vous que la société ne leur doive autre chose que la prison ou la mort ; et qu'elle s'acquitte envers eux quand cinq années de prison l'ont garantie de torts nouveaux, ou que l'échafaud l'a rassurée sur l'impuissance du coupable ?

Si le mal doit toujours circuler comme un virus au milieu des hommes, s'il doit toujours se trouver dans la société des individus dont l'élimination est indispensable, le devoir d'une autorité vraiment nationale n'en est pas moins de chercher à en diminuer le nombre, qui aujourd'hui est immense en comparaison de ce qu'il devrait être.

La vue répétée de l'échafaud diminue la

crainte du châtiment, et le couperet enhardit le poignard.

Ce n'est point seulement de nos jours que l'on a senti la nécessité de l'abolition de la peine de mort. A Rome, elle fut proscrite pendant 250 ans, et rien ne prouve que durant ce long intervalle les crimes aient été plus nombreux que sous les lois sanguinaires des Douze-Tables.

Les lois des rois de Rome étaient empreintes d'un esprit de sévérité et de cruautés inouïes ; moins cruelles, les lois de la République se distinguaient surtout par celle qui défendait de prononcer la peine de mort contre un citoyen romain, et pourtant la république florissait à cette époque, tandis que Rome tomba en décadence sous le règne de ses maîtres et sous l'empire des lois les plus sanguinaires.

L'impératrice Élisabeth abolit la peine capitale en Russie, et, pendant un règne de vingt ans, n'eut point à s'en repentir.

Dans l'impuissance de contester l'exactitude des faits historiques, les partisans de la peine capitale invoquent la *crainte de la mort*, empreinte, disent-ils, dans le cœur de tous les hommes ; mais l'expérience démontre qu'envisagée sous ce rapport, l'inutilité de la peine de mort n'est pas douteuse.

Cette punition n'a aucun effet répressif; elle semble plutôt propre à inciter au crime. Où les faits parlent, la raison s'efface. Et comment, en voyant se reproduire à chaque fait de ce genre des faits constamment semblables; comment, malgré notre impuissance à suivre exactement leur connexion, ne pas croire que l'événement peut être une cause efficiente? Cette difficulté se présente chaque fois qu'il s'agit de déduire des effets moraux de causes physiques.

S'il nous était permis d'émettre un avis sur un sujet aussi difficile, peut-être trouverions-nous que c'est dans la propension de l'homme à imiter ce qui fait une forte impression sur les sens qu'il faut chercher la cause de l'inefficacité de la peine de mort.

Peut-être aussi pourrait-on dire que l'incertitude du châtiment contribue puissamment à la perpétration d'un crime. Les coupables procèdent toujours avec l'espoir de ne pas être découverts.

Tant que le danger est incertain, l'homme espère que la chance lui sera favorable.

Du reste, dans l'état actuel, les gens à qui l'on fait donner par M. Roch le conseil de ne pas recommencer, ne sont pas les seuls condamnés à mort.

J'ai parlé, il y a quelque temps, du divorce et de la séparation de corps. M. Chevreau, rédacteur du *Soir*, traitait, à son tour, la question un peu trop au point de vue du sentiment, mais cependant de façon à ce que nous puissions être d'accord sur plus d'un point.

M. Chevreau me permettra de lui faire observer que la législation actuelle prononce, en audience civile, la peine de mort contre trois ou quatre aspirants à l'humanité.

Quel est le but du mariage ? La famille, c'est-à-dire la reproduction de l'espèce.

Eh bien, le jugement qui envoie la femme d'un côté et le mari de l'autre coûte la vie aux enfants que le mari aurait avec une autre femme, et que la femme aurait avec un autre mari.

La justice ne saurait, sans se manquer de respect à elle-même, nous présenter comme un équivalent l'hypothèse des enfants adultérins.

Donc, le régime de la séparation de corps est antisocial, immoral et homicide.

LES SYSTEMES PÉNITENTIAIRES

Si la civilisation actuelle, comme le prouve l'ensemble de tous les travaux des hommes compétents sur le régime des prisons, facilite le développement des industries du crime et le nombre des coupables ; si le vol, le meurtre et les forfaits qui en dérivent, si l'adultère et le viol se perfectionnent à mesure que l'homme progresse, c'est au moins le devoir d'une société déplorablement polie de régulariser les maux dont elle est la source involontaire, et d'assainir les cloaques qui servent de gémonies à ses immondices morales.

Cette question, vivement débattue depuis le commencement des siècles, éclaircie par les établissements de philanthropie et les tentatives d'amélioration qui ont eu lieu aux États-Unis, en Angleterre et en France ; discutée par la presse, dans les législatures et au sein des parlements, soumise enfin aux calculs de la science, n'est pas encore résolue.

Le système pénitentiaire adoucit temporairement l'ostracisme monstrueux que les peuples avaient décrété contre leurs membres faibles et pervertis. Partout on substitue les remords aux vengeances ; on essaie de guérir avant d'amputer.

Les gouvernements se sont définitivement aperçus qu'il se formait dans le crime une civilisation étrange dont il fallait se hâter de combattre les progrès, et que le meilleur moyen de dissoudre cette association contagieuse était de lui rendre possible une rentrée dans la société dont elle se prétendait rivale, afin de n'en pas paraître exclue.

Si le régime pénitentiaire est une mesure d'urgence et de nécessité, les opinions n'en varient pas moins sur les moyens de concilier, dans l'application, les mesures d'humanité et les justes représailles que la société exerce envers ceux de ses membres qui ont violé les lois.

Le système du silence a eu quelques admirateurs. On s'est cependant aperçu qu'il péchait d'abord dans son principe même, car du moment qu'une conversation à voix basse ou par signes est possible, on sera forcé de convenir que ce régime ne met aucun obstacle à ces entretiens.

La conversation s'établissait avec une indomptable ténacité dans les maisons de correction. A Londres, les détenus qui travaillaient à faire mouvoir le cylindre du moulin à marcher causaient avec les doigts, dont ils jouaient sur la rampe comme sur un piano. La menuiserie était couverte de raies et d'entailles qui avaient leur signification.

Les nouveaux arrivants apprenaient rapidement l'alphabet.

Le premier résultat du régime cellulaire con siste dans ses effets heureux relativement au prévenus. Rien de plus socialement honteux qu le mélange des prévenus et des condamnés ; leu séparation est un devoir sacré auquel nul gou vernement ne peut plus longtemps se sous traire.

La société a le droit, dans certaines limites d'arrêter préventivement ses membres ; elle n' certainement pas le droit d'ajouter à la privatio temporaire de leur liberté le pervertissement d leurs facultés morales et physiques.

« Le régime cellulaire, dit M. Moreau-Chri tophe dans son ouvrage sur la réforme des pri sons en France, c'est l'isolement absolu, de jou et de nuit, des *mêmes moralités.* »

Quand on parcourt la statistique des priso centrales, on trouve que sur dix mille conda nés, il y a quatre mille récidivistes.

D'après les prix de construction et les calcu faits d'après les moyennes, la place occupée p chaque prévenu coûte mille francs à l'État.

C'est cher.

On en viendra certainement un jour à appl quer sur une large base le système de colo sation.

Un an de prison se ferait en Corse, où les m

quis, les forêts, et les mines attendent toujours la pioche.

De deux à trois ans, en Algérie, et ainsi de suite suivant la gravité des condamnations.

Le but de la société est de repousser de son sein tous ceux qui sont un danger pour elle, voilà tout; et, avec le système de colonisation, les condamnés fourniraient des revenus à l'État au lieu d'être pour lui une charge très-lourde.

On en ferait des contribuables.

Avant l'introduction du régime cellulaire, les meilleurs surveillants, les *moniteurs* les plus utiles, étaient ordinairement les plus scélérats et les plus pervertis de la prison.

Or, si jamais suprématie fut abominable et obéissance singulièrement horrible, c'est lorsqu'un détenu doit soumission à un coquin dix fois plus coupable que lui, et paie ainsi à la société une double expiation, par la peine fondamentale qu'il subit et par l'humiliation accessoire.

Le directeur d'une prison a écrit : « Le meilleur surveillant est le plus ancien voleur. » La face hideuse d'une civilisation corrompue se réfléchit exactement dans ces paroles.

De ce triste sujet à la disparition d'un magistrat,

écrasé par des dettes de jeu, la transition est facile.

Dans tous les codes de morale, la passion du jeu est classée parmi les vices.

Mais pourquoi *jouer* est-il un vice ?

Hasarder l'argent qui m'appartient, le dilapider même, ce peut être folie ; mais crime ! Pourquoi le mal que je me fais à moi-même, la faute que je dois seul me reprocher, pourquoi en faire un délit spécial contre la société?

La réponse est facile. Rangez parmi les bonnes œuvres tout ce qui contribue au bien-être de l'humanité ; parmi les mauvaises, tout ce qui l'entrave, la corrompt et l'altère.

Sur cent joueurs, il y a soixante-dix perdants. Perdre de l'argent, c'est perdre une somme équivalente de bien-être. D'autre part, le joueur cesse de produire et de travailler ; il devient non-seulement un malheureux, mais souvent un malhonnête homme.

Le coup dont il se frappe rejaillit sur la société tout entière.

Si l'on révoque en doute l'assertion avancée plus haut « que la majorité des joueurs perd au lieu de gagner », si l'on prétend que le seul effet du jeu est de déplacer de l'argent, nous pouvons supposer deux joueurs disposant l'un et l'autre de cent mille francs.

L'un des deux en perd cinquante mille, que l'autre gagne. Le premier a perdu la moitié de sa fortune, soit cent pour cent ; tandis que l'autre n'a ajouté à son avoir que cinquante pour cent.

Dans l'état de civilisation moderne, il est impossible qu'une masse considérable d'individus n'aient pas beaucoup de temps et beaucoup d'argent à perdre. L'ennui les persécute, les harcèle, les précipite dans les tripots, rend nécessaire à leur existence blasée l'excitation de la table de jeu. Ils jouent pour avoir quelque chose à espérer et à craindre, pour se sentir vivre.

Quel remède employer contre un mal qui se trouve enraciné dans les entrailles mêmes de la société moderne ?

SIGNES DES TEMPS

En Europe seulement, il y a couramment de quatre à cinq cent mille hommes en prison, et un nombre de femmes à peu près égal. Les uns sortent, ayant fini leur temps ; d'autres les remplacent, et le chiffre ne varie guère.

Le caractère qui distingue le mieux l'homme de la bête, a dit Helvétius, c'est que l'homme peut s'ennuyer, et l'ennui prouve que l'homme est né pour l'activité.

En Amérique, en Afrique, en Australie, d'immenses solitudes, de vastes plaines, de profondes forêts, des îles avec de larges golfes, sorte de ports naturels, attendent le colon et le navigateur. L'homme ne connaît pas encore sa pauvre petite planète, et il supprime de la vie et de l'activité des forces qu'il pourrait si bien utiliser pour l'avantage de tous.

En parcourant, comme dit Milton, la concavité de ce dôme aérien, nous verrons que l'ennui et l'oisiveté sont les grands ennemis de l'humanité.

Le suicide, qui prend aujourd'hui d'effrayantes proportions, est de tous les lieux. Un fait qui touche les hommes de tous les pays, de toutes les religions et de tous les âges, doit être inhérent à la nature humaine.

On peut dire en général que la cause du suicide est le mécontentement de la position où l'on se trouve actuellement. On se tue quand on ne se sent pas la force de résister à ses maux présents, soit physiques, soit moraux.

Le suicide est aussi fréquent chez les peuples

encore barbares que chez les peuples civilisés.

Chez les nations policées, le suicide provient d'une ambition déçue, d'irréligiosité ou de fanatisme; chez les peuples barbares, de souffrances corporelles; chez les uns et les autres, de désespoir amoureux ou de chagrins domestiques.

C'est dans les villes que se trouvent le plus de stimulants pour le suicide, parce que c'est là surtout que l'on recherche les richesses et les honneurs. C'est là aussi que l'ambition est le plus souvent déçue.

Le suicide est devenu aujourd'hui une véritable épidémie.

On ne peut nier l'influence des événements politiques sur les relations des individus, et par conséquent sur le nombre des suicides. C'est donc, en grande partie, à la fermentation actuelle qu'il faut attribuer ce dégoût général de la vie auquel tant de gens se sont sacrifiés depuis quelque temps.

Auguste Maquet a écrit l'*Histoire des prisons*; il est à désirer que quelqu'un écrive l'*Histoire de la liberté*.

Italiens, Tartares, Russes, Anglais, Cafres, Chinois, Patagons, Français, Turcs et Persans, qui donc est libre?

La liberté a eu ses héros, et la prison a eu ses gloires.

Sophocle fut traîné devant un tribunal par ses enfants ; Aristide et Thémistocle furent exilés ; Phocion et Socrate burent la ciguë. Le vertueux Platon fut accusé d'envie par Athénée, de mensonge par Théopompe, de vol par Aulu-Gelle, d'avarice par Suidas, de débauche par Porphyre, et d'impiété par ce gredin d'Aristophane, payé par les honnêtes gens d'Athènes pour calomnier ceux qui leur portaient ombrage.

On remplirait un volume des seuls noms des savants, des hommes de lettres et des philosophes à qui l'on donna la prison pour abri.

Anaxagore y fut mis pour avoir prétendu qu'il y avait un Dieu ; Galilée pour avoir osé soutenir que la terre tourne autour du soleil.

L'immortel auteur de la *Jérusalem délivrée* mourut dans un cachot.

Raleigh a composé en prison son *Histoire du monde*. C'est à la Bastille que Voltaire fit le plan de notre seul poëme épique.

Foë acheva *Robinson Crusoé* dans la prison de Newgate.

Sous la Restauration, Béranger, Jay, de Jouy

furent emprisonnés pour *outrage à la morale*, accusation vague, élastique, qui peut s'appliquer à tous les systèmes et à toutes les morales. Paul-Louis Courier dut y passer à son tour.

On a dit que le malheur désarmait l'envie. Cette observation a été démentie par l'expérience; les impuissants, qui sont les envieux, ne pardonnent jamais.

La circulaire de M. le ministre de la justice, qui visait les usurpateurs de titres et de particules, m'a donné l'idée d'acheter le *Dictionnaire des anoblissements*, en deux volumes, et le *Dictionnaire des familles* qui ont fait modifier leurs noms depuis 1803 jusqu'à 1867.

Ce dernier volume n'a pas moins de 120 pages, grand in-octavo, sur deux colonnes; et la plupart de ceux qui ont été *autorisés* à modifier leurs noms, se sont empressés de surenchérir d'un titre ou d'une particule.

C'est ainsi que des gens nommés Truet ou Landouille, sont entrés de plain pied dans les classes dirigeantes sous les sobriquets sonores de Castel d'Aligny ou de Artaban de Château-Crénelé.

Après tout, ces gens-là sont peut-être dans le vrai, puisque cela leur réussit.

Je trouve, par exemple, en 1826, un individu nommé *Tripière* (ou à peu près) autorisé par le roi à changer son nom en celui de *Trière*. Tripière, en effet, était disgracieux. Charles X tombe — et va vivre de ses rentes sur le sol étranger.

Tripière, devenu Trière, ne perd pas de temps, et il obtient de Louis-Philippe d'ajouter à son nom celui de Dalincour.

Deux noms, à cette époque, étaient beaucoup plus sérieux qu'un seul. Cela vous avait tout de suite un air magistral. Trière n'était qu'un petit bourgeois, tandis que Trière-Dalincour devenait un personnage.

Il pouvait aspirer au poste de conseiller municipal, de substitut, de sous-préfet...

Il y aspira.

Vint Napoléon III.

Trière-Dalincour continue son petit travail, — et devient le baron Trière de Dalincour de Cévigny.

Il lui a suffi de servir, — ou de trahir, — trois gouvernements, pour devenir un personnage à belle enseigne.

Son nom lui a fait faire un beau mariage ; il a deux millions, des équipages... mais il ne peut conserver ses domestiques, *parce qu'il ne leur donne pas assez à manger !*

Oh! que vous ririez de trouver, dans cette *noblesse de l'autre jour*, des noms que vous lisez chaque matin dans les feuilles publiques!

Que de geais devenus paons et pendards — et qui ne seront jamais pendus!

Si la circulaire de M. le ministre de la justice avait produit ses effets, nous aurions eu, en plus d'un salon, la petite comédie suivante :

Chez Mme de Justaucorps.

Un Domestique, *annonçant.* — Le comte de Châteaubrelan!

Mme de Justaucorps, *tendant nonchalamment la main.* — Je devrais vous gronder, on ne vous voit plus.

Le Domestique. — Le baron des Petites-Affiches! le prince de Monte-Calico! le marquis de Bois-des-Halliers!

Mme de Justaucorps. — Bonjour, prince; bonjour marquis, que vous êtes aimables de venir de bonne heure!

Le Domestique. — Le chevalier de Ravaillac! le baron Borgia! M. Godefroy de Bouillon; le vicomte de Valmédiocre!

Mme de Justaucorps. — Dites-moi, baron, est-ce que vous descendez vraiment de Borgia?

LE BARON. — Certainement, madame. Je suis de la branche incestueuse.

LE VICOMTE DE VALMÉDIOCRE, *avec orgueil.* — Il y eut un Valmédiocre condamné pour vol avec effraction en l'an 811 !

Après la circulaire.

MME JUSTINE, *seule.* — Ces messieurs vont m'abandonner, j'en suis sûre... maintenant que j'ai gratté le blason de mon papier à lettres... Mais non! on a sonné... ô bonheur! je resterai femme du monde!

LE DOMESTIQUE, *annonçant.* — M. Truffard!

MME JUSTINE. — Comment! c'est vous, Châteaubrelan.

TRUFFARD. — Mes papiers n'étaient pas tout à fait en règle, et j'ai voulu éviter des désagréments.

LE DOMESTIQUE. — M. Crouton! M. Ramponneau! M. Veaumarin! M. Belle-Gueule!

MME JUSTINE. — Que vois-je? Valmédiocre, Borgia et Bois-des-Halliers!

LES TROIS GENTILSHOMMES. — Belle dame, ne parlons pas du passé!...

La circulaire de M. Tailhand aura le sort de bien d'autres circulaires. Elle vise trop de monde et restera lettre morte.

Cela m'est égal, et à vous aussi.

Je demande seulement au premier Pomereu qui voudra faire un legs à la Société des gens de lettres, de consacrer son argent à élever un monument expiatoire.

On y mettrait les bustes de Camoëns, qui mourut de faim dans la rue; du Tasse, qui empruntait cinquante sous pour vivre une semaine; de John Dryden, qui fut toute sa vie aux gages du libraire Tomson, et qui lui vendit pour trois cents francs les dix mille meilleurs vers de la langue anglaise.

On y placerait Milton aveugle, forcé de vendre pour dix guinées son *Paradis perdu;*

Lesage, qui, dans sa vieillesse, mangeait le pain de la pitié;

Corneille, qui n'avait pas un bouillon chez lui, la veille de sa mort;

Gilbert, qui mourut de faim;

Le savant Adanson, qui s'excusait, à quatre-vingts ans, de ne pouvoir se rendre à l'Académie, faute d'argent pour acheter des souliers.

Et vive Valmédiocre! Vive Tripière de Dalincour! Meure le génie! périsse le talent! ces éternels ennemis de la société.

LE TABERNACLE.

Dans quel pays et sous quel régime vivons-nous ?

Il y a, dans toute société humaine, un homme ou plusieurs hommes dont la volonté fait la loi.

Cela posé, il se présente deux cas : ou il y a dans l'État un ordre de choses qui ne peut être changé par la loi, ou il n'y a dans l'État aucun ordre de choses qui ne puisse être changé par la loi.

S'il y a dans l'État un ordre de choses qui ne peut être changé par la loi, cet ordre de choses se nomme Constitution.

S'il n'y a dans l'État aucun ordre de choses qui ne puisse être changé par la loi, il n'y a ni règlement fondamental, ni Constitution.

Il est évident que plus il y a d'objets réglés par la Constitution, moins il en reste qui puissent être réglés par la volonté du législateur ; et, par conséquent, moins il y a d'arbitraire, et plus il y a de stabilité dans l'État.

Si le législateur, dont la *Constitution* a limité et réglé la volonté, prétend changer la Constitution, il arrive précisément qu'il n'y a plus de

Constitution, puisque rien n'a plus de garantie contre la volonté du législateur. Tout ce qui devrait être constitué devient *législatif ;* la formation, l'exécution, l'application de la loi ; la liberté, la propriété des citoyens dépendraient de la majorité variable de plusieurs volontés.

Si la Constitution n'a pu limiter la volonté du législateur, qui la limitera ?

Et si la volonté du législateur n'a pas de limites, où est la Constitution ?

Voici un essai de leçon en forme de catéchisme pour les aspirants du côté droit :

— Qu'est-ce que la loi ?

— La loi est une vaine théorie soumise à la controverse des hommes.

— Que doit-on à la loi ?

— On lui doit un respect sans bornes, excepté dans les circonstances où l'on juge convenable de la violer.

— Comment peut-on connaître les circonstances où il convient de violer la loi ?

— On doit consulter la conscience.

— Qu'est-ce que la conscience ?

— C'est un tabernacle incorruptible où se conservent les principes de l'honneur.

— Quels sont les principes de l'honneur ?

— Le premier est que le parjure est une vertu, quand le serment fut un crime.

— Quand est-ce que le serment est un crime?

— Quand il a été fait à ceux qui ont perdu le pouvoir.

— Cette règle est-elle générale, et ne souffre-t-elle jamais d'exception ?

— Jamais.

— Que trouve-t-on de plus dans le tabernacle incorruptible ?

— Qu'on doit flatter, flagorner celui qui peut distribuer des honneurs et des places, ou même vous aider à être nommé député; mais que, si, pour se procurer le même avantage en d'autres circonstances, il est nécessaire d'insulter, de diffamer, de calomnier, on ne doit pas balancer un seul instant.

— N'y a-t-il pas autre chose dans le *tabernacle incorruptible ?*

— On y trouve des principes nouveaux sur la liberté, de nouvelles définitions des mots : France et patrie.

— D'après ce que vous me dites, je conçois que, dans le moment actuel, il est impossible de se passer du *tabernacle.*

— Certainement. C'est une boussole indispensable à quiconque aspire à devenir homme d'État.

— Combien coûte un tabernacle ?

— Il y en a à tout prix : pour les uns, on ne donne que quelques succès de vanité, ou la satisfaction de quelque ressentiment particulier ; pour les autres, il faut un titre pompeux et cent mille francs de rente ; quelquefois un mot, une simple faveur suffisent à cette acquisition. D'autres fois aussi, il faut un poste important, une ambassade, une recette générale ou un fauteuil de sénateur.

— Quand on a acquis un tabernacle, que faut-il faire ?

— Il faut tâcher de rester le plus fort.

Alexandre Dumas fils a dit : « On se fait dans le journalisme des amis de deux heures et des ennemis de vingt ans. »

J'ai longuement médité cette parole d'un sage, et tous mes confrères la méditeront avec moi.

Je suis de ceux qui ont un idéal, de ceux qu'on traite de rêveurs, jusqu'à ce que le rêve se réalise. Je crois posséder à un haut degré le sentiment de la dignité humaine, l'amour du pauvre et le respect du travailleur. Peu m'importent les formes : j'ai une foi et elle me mène...

Vous connaissez les *Hermites en prison*, de Jouy, *membre de l'Institut*, et Jay ?

Voici comment débute cet ouvrage :

« Nous venions d'être condamnés par la cour royale de Paris à subir un mois de détention. Nous avions vingt-quatre heures pour maudire nos juges ; nous nous sommes contentés de les plaindre. »

M. Jouy arrange quelques livres dans un coin de sa cellule, puis il ouvre le *Manuel d'Épictète*...

« Lorsque je serai tenté de m'irriter contre l'injustice des hommes et l'infamie des calomniateurs, j'aurai recours à Épictète. Essayons. Dis-moi, ne faut-il pas que je me venge, et que je rende le mal pour le mal?

— Eh! mon ami, répond le philosophe, on ne t'a point fait de mal, puisque le bien et le mal ne sont que dans ta volonté. D'ailleurs, si un homme s'est blessé lui-même en te faisant une injustice, pourquoi veux-tu te blesser toi-même en la lui rendant?

— Mais on me fait une méchante affaire!

— N'en fit-on pas une à Socrate?

— Mais on m'a condamné!

— Socrate ne fut-il pas condamné de même? Mets-toi bien dans la tête que la peine n'est jamais qu'où se trouve un délit réel; il est impossible que ces deux choses soient séparées. « Qui fut le plus malheureux, de Socrate ou des juges qui le condamnèrent? »

N'y a-t-il donc pas, dans le journalisme, un terrain de discussion sur lequel nous devrions toujours être unis, toute opinion réservée?

« On se trompe, a dit Napoléon, si l'on croit que les juges ont été inventés pour donner raison à celui qui a raison, et tort à celui qui a tort; les juges sont institués uniquement pour empêcher qu'on se batte dans la rue. »

Je livre de bon cœur cette citation aux journalistes dévoués au groupe de l'Appel au peuple.

Puissent-ils en faire leur profit!

Qui de nous n'a pas eu quelque amende pour coups et blessures, ou pour délit de presse?

Quel est le rédacteur en chef qui, étant *responsable* toujours et quand même, n'a pas eu quelques centaines de francs à verser au guichet de l'honorable M. Dablanc?

Émile de Girardin ne s'est-il pas appelé lui-même le condamné du 6 mars?

Il avait peut-être oublié qu'au mois d'octobre 1830, la *Revue britannique* l'avait déjà fait condamner à 100 francs d'amende, et que M. Ségur d'Aguesseau, avocat du roi, se montra fort sévère pour sa jeune habileté!

L'Empire n'a-t-il pas condamné Prévost-Paradol à deux mois de prison, avant de le nommer ambassadeur? M. Weiss, conseiller d'État, ne s'est-il pas vu obligé, comme rédacteur en chef du *Journal de Paris*, à se défendre lui-même devant la 6e chambre, qui le goûta fort — et le condamna?

Nous sommes comme cela un tas de repris de justice à qui tout le monde serre la main et que l'on rencontre, l'hiver, dans les salons de Paris.

Un homme qui a passé plusieurs mois en prison, Béranger, si souvent poursuivi pour outrage à la morale, n'en a pas moins laissé le souvenir d'un homme honnête et respectable à tous égards.

Voltaire, Diderot, Marmontel n'échapperaient pas aux poursuites pour outrage à toutes les morales; et qu'en serait-il de la littérature française?

Songez, d'ailleurs, que dans cet ordre d'idées il faudrait commencer par expurger la Bible!

M. Jay écrivait dans le *Mercure de France*, en juillet 1826 : « J'ai en perspective les verrous et les grilles de Sainte-Pélagie, où, d'après l'arrêt d'un autre tribunal que celui de la critique, je dois être prochainement claquemuré. J'étais accusé d'avoir outragé la morale publique. Grave accusation qui n'est jamais bien claire. Un tribunal a dit non ; l'autre a dit oui ; c'est l'affirmative qui l'emporte. »

Et Paul-Louis Courier ? Que pensez-vous de lui, là, franchement ?

Qu'est-ce que la morale publique, si ce n'est cette morale vulgaire qui est dans les lois et que nous appellerons *morale légale ?*

Cette morale, exigeant les mêmes actes du riche et du pauvre, du savant et de l'ignorant, du fort et du faible, est essentiellement grossière. Elle n'ordonne pas ; elle défend. Elle est satisfaite quand on n'attente pas à la sûreté de l'État, à la vie, à la propriété ou à la réputation d'autrui. Quiconque s'y conforme est quitte envers la société, quitte envers la loi humaine.

Mais la morale de l'État n'est pas seulement publique, elle est encore *religieuse ;* un mot qui n'a aucun sens positif, et avec lequel on a toujours fait ce qu'on a voulu — pour imposer silence aux écrivains qui gênaient les gouvernements.

Qu'on cesse donc d'inventer des crimes et de grossir des délits pour noircir les hommes de presse.

Le public n'est pas aussi bête que certains politiques passionnés semblent le croire.

Il sait faire la différence entre ce qui est contraire à l'honneur ou à la probité, et nos délits de presse ou de fleuret qui font rire même les gendarmes.

LIBRES!

Un journaliste américain, que j'ai beaucoup connu, m'écrivait dérnièrement pour m'annoncer l'arrivée à Paris d'une sorte de Huron, nommé William N. Cadigan. Fils d'un Indien de la tribu des Peaux-Salées, Cadigan a fait une immense fortune dans le commerce des dents de lézard, devenues, comme personne ne l'ignore, l'une des denrées les plus recherchées aux États-Unis.

Obéissant au désir de mon correspondant, je suis allé attendre au Havre l'arrivée du steamer qui nous amenait le Huron.

Cadigan est un fort bel homme; il a les yeux bleus, une physionomie d'une grande douceur et une barbe rousse qui ressemble à un éventail dont le manche lui aurait été collé au menton.

Après un copieux déjeuner sur la terrasse de Frascati, je m'installai avec le Yankee dans un des coupés de M. Coindard, et nous prîmes la route de Paris.

Cadigan avait acheté le matin tous les journaux qu'on trouve à la gare ; il en avait lu pour huit francs soixante.

— Vous aimez notre littérature ? lui demandai-je.

— Pas précisément.

— Nos journaux alors ?

— Ils sont creux, vides et de mauvaise foi.

— Cependant, vous m'avez parlé ce matin de votre sympathie pour la France et pour les Français.

— Ce que j'aime chez vous, répondit le Huron, c'est votre esprit ; et encore je ne sais si je l'aime véritablement. Je ferais mieux de dire qu'il m'étonne. Tous les peuples un peu civilisés ont de l'esprit ; il est chez les uns plus profond, plus superficiel chez les autres. Chez certains peuples, il se montre maladroit, étrange, confus, bizarre ; chez les Français, il est libre, lumineux, varié, s'appliquant à tout.

C'est lui qui arrondit leurs périodes et les boucles de leurs cheveux ; qui donne une certaine pensée à leurs façons et à leurs habits, qui tempère la colère et règle leurs pas, qui préside à toute la vie, au gouvernement, aux systèmes. Et comme cet esprit est partout également, qu'il pénètre les individus et tout l'ensemble de la société, et que, malgré toutes ses transformations, il est toujours le même, il paraît universellement intelligent, habile à toutes les positions, à toutes les entreprises; agréable en poésie, élégant en prose, populaire dans les théories, puissant en politique, entraînant dans la vie sociale.

Ce Huron me surprenait, et je m'étais bien gardé de l'interrompre, comme n'eût pas manqué de le faire M. de Lorgeril.

— Dites-moi, reprit-il, j'ai demandé le journal d'un écrivain qui est fort lu en Amérique, M. Edmond About... On m'a répondu qu'il était interdit.

— Momentanément, je l'espère.

— Cet Edmond About n'est donc pas apprécié en France.

— Au contraire, il y est fort apprécié.

— Alors, pourquoi laisse-t-on vendre les mauvais écrivains dans les rues et met-on des empêchements à ceux qui ont du talent?

— Le journal dont il est question avait donné un coup de patte à l'Assemblée.

— Une si grande réunion d'hommes politiques a pu se montrer si susceptible?

— C'est précisément parce que la réunion est nombreuse. Cinq cents souverains attaqués d'un coup, c'est raide.

— Et quel est le tribunal qui en a jugé ainsi ?

— Ce n'est pas un tribunal. La décision a été prise par un ministre ou par plusieurs ministres, et l'autorité militaire a décrété la suspension.

— L'autorité militaire ?

— Qui est la suite de l'état de siége.

Le Huron parut surpris.

— Alors, demanda-t-il, vous me conduisez dans une ville en état de siége ?

— Certainement.

— Nous allons manger du chien, du rat et du pain de paillasson pilé ?

— Rassurez-vous. Les halles sont admirablement approvisionnées. Rien n'y manque : viandes, poissons, fruits et légumes de toute fraîcheur et de toute beauté. Mille restaurants sont ouverts.

Le Huron leva les bras au ciel.

— C'est superbe ! Je ne sais ce qu'il faut le plus admirer de votre énergie ou de votre insouciance.

Et il ajouta :

— Quand verrons-nous les lignes prussiennes ?

— Les Prussiens sont partis depuis longtemps.

— Ils sont partis !

— Sans doute.

— Alors, la ville n'est plus assiégée?

— Elle est assiégée de solliciteurs qui viennent demander des places.

— Pourquoi donc avoir maintenu le régime rigoureux des temps de guerre?

— C'est que, aussitôt après le traité qui infligeait à la France la plus cruelle leçon qu'elle ait jamais reçue, une partie de la population s'est insurgée.

— Il est vrai, fit le Yankee, je me rappelle cette épouvantable histoire... Vous allez me montrer Vermorel, Raoul Rigault, Rossel...

— Ils ont été fusillés.

— Faute de ceux-là, je verrai Rochefort, Pascal Grousset...

— Ils sont déportés — par arrêt en bonne et due forme.

— Alors, l'ordre est rétabli?

— Personne n'a bronché depuis deux ans.

— Je ne m'explique plus très-bien l'état de siége.

— C'est peut-être pour le montrer aux étrangers?

Le Huron paraissait troublé; il me demande presque aussitôt.

— Les théâtres sont-ils ouverts?

— Ils le sont tous.

— Nous irons voir la pièce de Ponsard?...

— Laquelle?

— Le *Lion amoureux;* on m'en a dit le plus grand bien.

— Malheureusement, la pièce n'est pas permise en ce moment.

— Vous plaisantez?

— Pas le moins du monde. Il y a de beaux vers, mais on y crie d'un côté : *Vive la République!* et de l'autre : *Vive le roi!*

— Où est le mal?

— On a craint qu'il n'y eût là un prétexte à manifestations bruyantes.

— Mais la pièce a été jouée sous l'Empire!

— La situation était différente.

— Ah!

..... Nous venions de quitter Rouen. Le train marchait à toute vitesse.

Cela devait être une chose horrible, reprit l'ex-sauvage, que le bombardement d'une ville comme Paris?

— Le monde entier en a frémi d'horreur.

— Eh bien! fit M. Cadigan, voici un journal qui semble en avoir gardé un souvenir presque doux... voyez!

Il me fit passer la feuille — et je lus :

« Une lettre datée de Bilbao, quartier général des carlistes, nous donne d'*intéressants* détails sur le bombardement de Bilbao...

« Il est *bon* de remarquer que cette lettre est antérieure à la défaite de Moriones...

« Nous pensons que nos lecteurs verront avec *plaisir*, etc... »

— C'est sans doute, demanda l'Indien, un de ces horribles journaux qui ne rêvent que sang et supplices ?

— Pas du tout ! c'est un journal ultra-conservateur, dévoué à la royauté, à tout ce qui ne sera pas la république et la révolution.

— Vous m'étonnez !...

— C'est comme cela chez nous. Une même chose est louable, ou elle est horrible, suivant le parti qui commande.

Les monarchistes apostrophent les républicains, en disant : Bêtes féroces, affamées de sang, bourreaux, guillotineurs, filous, pillards, vous devriez apprendre, au moins, *à parler poliment !*

— Et que répondent les autres ?

— Connais-toi toi-même !... Les monarchistes ajoutent : « Tous les moyens vous sont bons pour fonder la République ! »

— La fondent-ils ?

— Elle se fonde toute seule, tant bien que mal, au milieu des épreuves les plus cruelles.

— Et la monarchie ?

— C'est pour le coup que ceux qui parlent de « *tous les moyens* » sont sans vergogne et sans pitié. Tout leur est bon, tout leur est propre... Il y a une historiette au sujet de deux couples de paysans normands, qui plaident en justice de paix. L'un prend la parole, l'autre la lui coupe. Le premier recommence... Alors, la femme du second tire son mari par la manche et lui dit : « Appelle-le vite voleur, *avant qu'y t'y appelle !* »

C'est beaucoup d'avoir accusé le premier ; les monarchistes en ont eu les premiers l'idée, ce qui leur donne une grande force.

— Qu'appelez-vous le *péril social ?*

— La crainte qu'ont quelques personnes de perdre des emplois lucratifs.

— Et *problème social ?*

— Toujours le même. Faire garder dix mille hommes par quatre.

Le Huron se gratta le nez.

— Avez-vous beaucoup de pauvres chez vous ?

— Beaucoup.

— Comment se fait-il que, dans une civilisation aussi avancée, on n'ait pas trouvé le moyen d'assurer à tous le pain et l'abri ?

— Parce qu'on ne l'a pas cherché.

— Est-ce là ce que vous appelez la *question sociale ?*

— Précisément.

— Sur quelles bases repose l'ancienne société, celle que l'on prétend maintenir par la monarchie ?

— Les conservateurs affirment qu'elle a pour bases la religion, la famille et la propriété.

— C'est fort bien... Et la société que vous rêvez ?

— La société que je rêve aurait pour bases la religion, la famille et la propriété.

— Comme les autres?

— Non. Différemment.

Nous approchions de Paris...

— Serait-ce abuser de votre complaisance, me demanda le Huron, que de vous prier de vous expliquer à ce sujet ?

— Non, sans doute ; mais nous sommes arrivés, vous avez besoin de repos. Nous reprendrons demain cette conversation.

— Un seul mot avant de nous séparer ?

— Tout à vous.

— Pensez-vous que la France soit désormais à l'abri des révolutions ?

Je ne pus m'empêcher de rire.

— Eh bien ?

— Je ne le pense pas.

— Les gens qui vous gouvernent le pensent bien, eux !

— Pas plus que moi.

— Cependant...

— Voyez. Six ou sept gouvernements sont tombés en quatre-vingts ans...

— C'est connu.

—Qu'avaient-ils fait ? Ils avaient élaboré une constitution, promulgué une loi électorale, une loi municipale, une loi sur la presse, *et cœtera, et cœtera.*

— Comme maintenant ?

— Comme maintenant. Ils ont voulu gouverner le pays dans un sens opposé à celui qu'indiquait l'opinion. Les journaux les ont attaqués, ils les ont suspendus ou supprimés.

— Comme maintenant ?

— Comme maintenant.

— Quant aux journalistes, on les a condamnés à l'amende et à la prison. On a défendu un tas de choses ; on n'a pas donné la liberté après l'avoir promise : on a inventé des censures, des autorisations, des mesures préventives, tout un arsenal de niaiseries.

— Eh bien ?

— Eh bien ! il faudrait essayer autre chose, puisque cela n'a jamais réussi !

Le Huron me tendit la main.

— Nous avions, me dit-il, auprès d'un village de Pensylvanie, une route pour laquelle on a dépensé des millions.

Elle passe sur un sol humide et glissant, boue et terre glaise.

Tout le monde y tombait... Les bêtes de somme s'y allongeaient tout du long, voitures et chariots s'y brisaient. On y a transporté du sable, des cailloux, rien n'y a fait. Sable et cailloux s'enfonçaient peu à peu, et la terre glaise s'étalait, grasse et luisante, au soleil.

— Et c'est toujours ainsi ?

— Non, après plusieurs essais infructueux pour rendre la route solide, on y a renoncé.

— Par où passe-t-on ?

— Par une autre route, toute naturelle, du côté opposé.

LA POLITIQUE CREUSE.

Cambronne a bien fait de mourir. S'il eût vécu de notre temps, il se serait égosillé.

Nous voyons reparaître les mêmes subterfuges, les mêmes subtilités qu'il y a quarante-quatre ans. La plupart des masques, dans les classes dirigeantes, portent encore les mêmes noms; ceux qui tentent de nous faire dérailler aujourd'hui, sont les descendants de ceux qui ont abusé nos pères. Il ne se dit pas un mot, il ne se produit pas un fait qui n'ait eu des précédents analogues dans la crise de 1830. Puisqu'on refait les événements, refaisons donc leur histoire ; aussi bien nous traversons une époque où tout le monde *est refait.*

Le duc de Broglie, qui engendra Albert, qui engendra Victor, remet le 3 août, à M. Guizot, une proposition ainsi conçue :

« La Chambre des députés,

« VU L'ACTE D'ABDICATION de S. M. Charles X, et la renonciation de S. A. R. Louis-Antoine, dauphin, du même jour ;

« Considérant en outre que S. M. Charles X, S. A. R. Louis-Antoine, dauphin, et tous les membres de la branche aînée de la maison royale sortent en ce moment du territoire français ;

« Déclare que le trône est VACANT, et qu'il est indispensablement besoin d'y pourvoir. »

Louis-Philippe, lieutenant général du royaume, se rend à l'Hôtel de ville.

Le général Dubourg lui dit :

— Tenez bien vos serments, MONSIEUR ; vous voyez comme nous arrangeons ceux qui les violent. Vous connaissez nos besoins et nos droits. Si vous les oubliez, nous vous les RAPPELLERONS.

— Ah ! Monsieur, répond le duc d'Orléans, si vous me connaissiez, vous n'exprimeriez pas un pareil soupçon !

— Je vous connais bien, réplique le général en lui tournant le dos.

Cependant les patriotes, les jeunes gens et le peuple, qui ont bravé la mort pour la liberté, qui pleurent des frères et des amis tués en combattant à leurs côtés, ceux-là sont prêts à marcher en masse pour obtenir des *garanties*.

Lafayette comprend le danger, et le programme de l'Hôtel de ville est aussitôt rédigé.

En voici la substance... (Voyez si nous avons fait beaucoup de chemin depuis cette époque.)

« La souveraineté nationale reconnue en tête de la Constitution comme le dogme fondamental du gouvernement. — Point de pairie héréditaire, mais deux Chambres homogènes. — Loi municipale et communale sur le principe le plus large de l'élection. — RENOUVELLEMENT COMPLET DE LA MAGISTRATURE. — Pas de cens d'éligibilité. — Cens électoral à 50 francs. — L'élection appliquée à toutes les magistratures inférieures, notamment aux justices de paix. — Plus de priviléges ni de monopoles. — Liberté entière des cultes et de l'enseignement. — Une école primaire gratuite par commune. — Liberté entière de la presse sans timbre ni cautionnement, ni droit de transport pour les journaux. — Jury pour les délits de la presse ; jury D'ACCUSATION... »

Tout cela est adopté provisoirement. Lafayette part, portant le programme de l'Hôtel de ville au Palais-Royal.

Il dit au roi *projeté :*

— Vous savez que je suis *républicain*, et que je regarde la Constitution des États-Unis comme la plus parfaite qui ait existé.

— Je pense comme vous, répondit le duc d'Orléans ; il est impossible d'avoir passé deux ans en Amérique et de n'être pas de votre avis ; mais croyez-vous, dans la situation de la France, qu'il nous convienne de l'adopter ?

— Non, répondit Lafayette. (*Ce n'était pas la peine alors de se dire républicain !*)

Et il ajouta :

— Ce qu'il faut aujourd'hui au peuple français, c'est un trône populaire entouré d'*institutions républicaines, tout à fait républicaines.*

— C'est bien ainsi que je l'entends ! repartit le prince.

Et il prend pour ministres de la révolution ceux qu'il savait en être les ennemis.

La réorganisation des tribunaux, réclamée par Duris-Dufresne, de Brigode, Benjamin Constant, Salverte, est vivement combattue par Dupin, qui trompe les ignorants en invoquant le principe de l'inamovibilité. (Charles X, Louis-Philippe et Napoléon III étaient aussi déclarés inamovibles!)

Voici donc les juges conservés.

Corcelles demande que les *décrets de l'Empire*, contraires aux lois constitutionnelles, soient abrogés.

— Ils le sont de droit, crie une voix.

— Mais on les invoque toujours !

Et on les invoque, en effet, pour mettre Paris *en état de siége*, et traduire des citoyens devant les tribunaux militaires.

La révolution est escamotée. Voilà ce qu'on appelait *institutions de juillet* et le roi des barricades.

Les *sauveurs* étaient venus; ils avaient *sauvé* l'aristocratie, leurs intérêts, perdu la révolution et la cause populaire.

Si, du moins, ils montraient du désintéressement; si leur patriotisme était incontestable, l'intention pourrait excuser leurs actes. Mais déjà ils veulent se perpétuer au pouvoir; ils se jettent sur les places pour eux et poûr leurs parents, ou pour des électeurs dont ils achètent ainsi les suffrages. Jamais, *jusqu'à ce jour*, députés n'avaient montré plus de présomption, d'égoïsme et de cupidité.

Telle est l'histoire de cette monarchie qu'on nous vante et dont les partisans sont les ennemis les plus acharnés du suffrage universel.

Les royalistes ont tenté de considérer le septennat comme une *vacance du trône*; ils s'apprêtaient à refaire le même coup qu'en 1830.

Mais la situation est plus compliquée. Abondance de princes ne nuit pas à la République. Chacun a douté de ses forces. On s'est regardé dans le blanc des yeux et on a remis le dénouement à une meilleure occasion.

Quelle moue dans un certain parti quand le maréchal de Mac-Mahon a déclaré à tous ceux qui sont las des changements d'étiquette, que, « nommé pour sept ans, il resterait sept ans! »

Il y eut un désappointement du meilleur comique dans les rangs des génuflecteurs.

Certes, si les députés de tous les partis voulaient *oublier* pour quelque temps leurs préférences, leurs amitiés, et sacrifier leurs intérêts aux intérêts de la patrie, le septennat deviendrait une période bienfaisante dans notre époque tourmentée.

Je ne dirai pas au légitimiste : Cessez d'être légitimiste ! — au bonapartiste : Renoncez à vos espérances ! mais simplement : Il est certain que, d'ici à six ans et demi, vous ne pourrez voir se réaliser votre vœu monarchique. Faites donc aimer autant que possible le parti auquel vous appartenez. Travaillez, à l'abri d'un gouvernement fort et incontesté, à la création duquel vous avez participé vous-même ; faites les réformes, épurez, nettoyez, cassez les indignes... Renoncez à ces discussions sans fin et sans utilité qui ont enlevé déjà à un grand nombre d'entre vous les sympathies de leurs électeurs. Songez que l'*Assemblée constituante*, composée de douze cents membres, parmi lesquels Mirabeau, Sieyès et tant d'hommes remarquables, a mis deux ans à discuter la Constitution de 1791... Deux ans ! — et il y en a quatre que vous êtes là, dans Seine-et-Oise.

L'idée fixe de ceux qui s'obstinent à ne pas vouloir ce que veut la France, est de garder un *juste milieu*.

Qu'est-ce que cela veut dire ? C'est bien simple.

— 4 et 4 font 8, dit l'un.

— 4 et 4 font 10, dit l'autre.

— Vous n'y êtes pas, dit un troisième, 4 et 4 font 9.

Voilà le juste milieu.

Avec ce système, c'est une nécessité de s'appuyer sur tous les partis, d'obtenir une moyenne en déplaçant des voix.

Quand on cherche les résultats effectifs de nos trois dernières révolutions, il est impossible de garder son sang-froid.

Quel avantage matériel, quelle satisfaction morale le peuple y a-t-il trouvés? En 1830, il a travaillé pour la bourgeoisie; en 1848, pour les gens de Bourse; et le 4 septembre, pour ceux qu'il avait déjà chassés deux fois!

La vilaine aristocratie financière et bourgeoise, avare et liardeuse, est plus étroite, plus mesquine, plus dédaigneuse et plus *en dehors de l'humanité* que l'aristocratie de naissance. C'est elle qui met le plus d'obstination à *retenir* le progrès, parce qu'elle est plus accessible à la crainte.

Les messieurs qui la composent parlent de la *plaie sociale;* la plaie sociale, c'est eux.

Diviser pour régner, c'est le conseil de la nécessité pour tout gouvernement qui veut être le chef d'un parti.

C'est à l'union que nous devons viser aujourd'hui. Il suffit, pour l'obtenir, d'adopter une politique vraiment *nationale*.

Trois ou quatre partis nous divisent, et ces partis sont irrités, menaçants. Rien n'égale la fureur de ceux qui se disent modérés. C'est aux républicains d'être sages et patients.

« Je ne rougis pas, écrivait Lamarque aux Vendéens, de vous demander la paix ; car, dans les guerres civiles, la *seule gloire* est de les terminer. »

Voilà une leçon de véritable honneur donnée par une des gloires de la tribune et de l'armée.

LA RÉVISION EN MATIÈRE CIVILE

La justice des hommes est sujette à l'erreur ; de nombreux exemples l'ont prouvé... Et l'on n'a pas cherché, par tous les moyens, au prix des plus grandes concessions, à faire que l'erreur soit toujours réparable et qu'elle le soit complètement !

Le 1er avril 1854, Louarn et Baffet comparaissent devant la cour d'assises du Finistère. Une maison isolée avait été attaquée pendant la nuit ;

la porte est brisée, les bandits frappent les habitants, leur arrachent une somme de 2,000 francs et disparaissent.

Louarn et Baffet sont déclarés coupables ; ils sont condamnés, Louarn aux travaux forcés à perpétuité, Baffet à vingt années de la même peine.

Baffet meurt au bagne de Brest en 1855, Louarn meurt à Cayenne en 1856.

Trois ans après, de nouveaux indices signalent de nouveaux coupables.

Ils sont arrêtés et condamnés justement.

M. Derôme, procureur impérial, conclut en ces termes : « La mort de Baffet et de Louarn ne rend plus possible la réparation de l'erreur judiciaire dont ils ont été les victimes ; mais les débats de cette affaire et le nouveau verdict du jury seront pour leur mémoire une éclatante et solennelle réhabilitation. »

C'était quelque chose ; mais, dit M. Fouquier dans les *Causes célèbres*, il est encore des magistrats qui préfèrent le silence à l'aveu de l'erreur...

Le président Androuin obtint de la cour un arrêt interdisant toute publication, par cette raison que les débats pourraient entraîner *des incidents fâcheux pour le public et les bonnes mœurs*.

C'est charmant, n'est-ce pas ?

Le condamné qui a été justement puni a droit

à la réhabilitation lorsqu'il a mérité, par plusieurs années d'une vie vertueuse, que sa faute soit effacée ; mais s'il a été injustement frappé, c'est à la révision qu'il aura recours.

La révision a pour objet de faire rétracter une sentence mal fondée en fait.

La révision est un droit infiniment plus sacré pour le condamné que la réhabilitation, puisqu'elle tend non à le purifier, mais à proclamer qu'il est toujours resté pur.

Parmi les cas nombreux d'erreurs judiciaires, je me contenterai de résumer l'affaire Lesnier.

Dans la nuit du 15 au 16 novembre 1847, un vieillard, nommé Gay (le hasard a de ces gaietés), est assassiné dans sa maison, canton de Coutras, et l'assassin, en s'éloignant, allume l'incendie pour détourner les soupçons.

L'instituteur Lesnier fut accusé de ce crime. Les faux témoins ne manquèrent pas, et le curé de Fieu, M. Joseph Delmas, qui avait eu des contestations avec Lesnier à propos d'une demi-barrique de vin, fit contre l'accusé une déposition des plus topiques.

M. le substitut Peyrot rassemble et coordonne avec un art singulier tous les indices de culpabilité, et Lesnier est condamné aux travaux forcés à perpétuité.

Eh bien ! tout cela n'est qu'erreur et mensonge.

Ce condamné n'est pas coupable. Ces indices nombreux, accablants, sont des illusions de la justice !

Le 26 janvier 1849, Lesnier est dirigé sur le bagne de Rochefort.

On va le *ferrer*. On le fait coucher sur la *souche*, pièce de bois longue de 3 mètres ; la jambe est tirée contre une grosse enclume ; au-dessus de la cheville, on passe une *manille* ou anneau en fer, que l'on rive à froid au moyen de deux boulons.

Dans la manille est passée une chaîne de 1m,50 environ. Durant cette opération, le patient est solidement tenu, car le moindre mouvement pourrait faire porter à faux le lourd marteau et briser la jambe.

C'est fini. Le boulet ne quittera jamais la jambe. Même après la libération, ce boulet absent laissera des marques. L'œil de l'agent de police reconnaîtra toujours le forçat ; car le libéré traînera la jambe et croira toujours sentir la *manille*.

Pendant ce temps, le procureur impérial et le juge d'instruction de Libourne avaient été nommés, l'un conseiller à la Cour de Bordeaux, l'autre juge au tribunal de la même ville ; heureux avancement qui conduit à Libourne un nouveau procureur impérial, M. Charaudeau, dont le nom devrait être gravé sur la façade de tous les palais de justice.

M. Charaudeau a des inquiétudes, des soupçons, refait tout seul l'instruction, trouve les vrais coupables et fait sortir Lesnier du bagne où il était depuis sept ans !...

Voilà le grand jour arrivé.

M. le conseiller Delange préside l'audience.

M. le procureur général Raoul Duval occupe le fauteuil du ministère public.

Lesnier est introduit, et M. Raoul Duval... se plaint de Lesnier !!!

« Au moment, dit-il, où il accusait d'une indifférence injustement calculatrice les magistrats de son pays, ces magistrats remplissaient leur devoir, qui est de chercher la vérité partout et toujours, *sans préoccupations personnelles...* »

En effet, c'est le devoir.

Un magistrat l'a rempli, M. Charaudeau, et il n'a pas eu d'avancement.

Un témoin reconnaît qu'il a trompé la justice pour *quinze francs...*

A la fin de l'audience, le procureur général, vaincu par l'émotion, disent les uns, accablé par la chaleur, disent les autres, se trouve mal et ne peut continuer la tâche qu'il avait entreprise ; et c'est M. Peyrot, l'ancien accusateur de Lesnier, devenu avocat général, qui remplace M. Raoul Duval.

Le président pose une dernière question à une femme Lespagne, épouse du *nouveau* criminel :

— Est-ce votre mari qui vous a donné le conseil de mentir ?

— Non, monsieur, ce n'est pas mon mari.

— Qui est-ce donc ?

— C'est M. *le curé* et M. le *maire*.

M. Delange, aujourd'hui conseiller à la Cour de Paris, prend la parole :

« Messieurs les jurés,

« Si la justice a ses jours de deuil, elle a aussi ses jours de consolation...

« Les erreurs judiciaires ne se comptent pas même par siècle... »

Celles qu'on arrive à faire reconnaître, oui ! mais les autres ?

Il faut bien le dire avec M. Fouquier : débat et instruction n'ont souvent eu, en France, qu'un but, poursuivi avec une autorité, avec une persévérance formidable : l'invention d'un coupable.

Juge d'instruction, avocat de la loi, président, ont charge d'établir, de fortifier, de prouver l'accusation.

Comment échapperaient-ils toujours à la prévention, au parti pris ?

En Angleterre, il ne s'agit que de trouver en commun la vérité.

Chez nous, le prévenu est traité, dès la première heure, comme convaincu. L'instruction le torture par le secret, le lasse, le fascine, agglomère tous les indices accusateurs, abandonne et isole les indices favorables.

A l'audience, l'instruction domine et conduit tout.

Le faux témoignage trouve, dans ces procédés, une complicité involontaire, inévitable...

Et il est plus facile de commettre une erreur que de la réparer.

« Combien ai-je vu, dit Montaigne, de condamnations plus crimineuses que le crime ! »

Si la révision en matière criminelle, où l'instruction est faite avec un soin méticuleux, où les témoins sont entendus en audience publique, a fait reconnaître quelques erreurs judiciaires, combien la révision en matière civile n'amènerait-elle pas de découvertes !

Dans ces procès où il s'agit de l'honneur, de l'héritage, de toutes choses sacrées, la révision n'est pas admise.

Il y a *chose jugée*, c'est fini.

Ni Dieu ni diable n'y peuvent rien.

Au lieu d'instructions, on fait des enquêtes.

On écoute des domestiques dont le témoignage a été payé une centaine de francs, peut-être moins ; on accumule les indices, on souligne les mots dans un sens préconçu.

Deux degrés de juridiction ne sont pas suffisants *tels qu'ils sont établis.*

On a vu souvent un procès jugé dans un sens en première instance par un président et neuf juges.

L'affaire se présente en appel devant un président et six conseillers.

Sur les six conseillers, trois sont du même avis que les juges de première instance ; les trois autres et le président l'emportent.

Voilà donc un homme qui a perdu son procès ayant eu treize magistrats pour lui, et contre lui quatre seulement.

Eh bien ! c'est mal pondéré, c'est un mauvais mécanisme, surtout quand on songe que, après ces quatre souverains, il n'y a plus rien.

La révision en matière civile est une des premières mesures d'ordre que doit prendre une Assemblée d'honnêtes gens.

Chaque injustice involontairement commise crée à la société un irréconciliable ennemi, et un ennemi qui est absolument dans son droit.

Ce ne serait encore qu'un danger médiocre; mais le fait de laisser l'injustice debout, de lui accorder la consécration de l'immutabilité, c'est la honte et la condamnation d'un pays.

Que ceux même des monarchistes qui ont quelques grains de bon sens et qui aiment sérieusement la France s'occupent activement de ces réformes dont on a tant parlé, et qu'on ne commence jamais.

Les abus irritent et exaltent les hommes ; et les blessés deviennent, non pas des républicains de raison, mais des républicains de haine.

A PROPOS DE COMMERCE ET D'INDUSTRIE.

Conservateurs de quoi?

Faites une enquête sérieuse, complète, dans tous les corps de l'État, et vous verrez à quelle période de décomposition nous avons été amenés.

La pourriture est la même partout. Les surfaces présentent je ne sais quelle apparence d'ordre hiérarchique et de dignité générale, qui est la livrée des convenances sociales. Arrachez le masque et l'habit, vous serez épouvantés.

Il y a donc en France le parti des gens qui veulent faire la lessive, et le parti de ceux qui ne veulent pas souffrir qu'on les passe au savon noir.

S'il y avait trois jours par an, trois jours seulement, pendant lesquels il serait permis de dire la vérité, la vérité tout entière, sans tomber sous le coup d'une loi; trois jours qui seraient les saturnales de la justice et de la vérité, la kermesse du droit et de la vertu, vous verriez trembler, sous le fard des honneurs et des dignités, tout un monde d'austères fripons et de pieux imposteurs.

Les chefs de l'État ont toujours et naturellement attribué les fonctions et les places à ceux dont ils attendaient non les meilleurs services, mais le plus humble dévouement.

Ce n'est pas le bien public, ce n'est pas l'intérêt des administrés qui guidaient les chefs de l'État, mais l'intérêt suprême de leur souveraineté.

Il fallait qu'on pût renfermer les indiscrets,

comme atteints d'aliénation mentale, les partisans de la liberté comme conspirateurs. Tout ce qui pouvait faire ombrage au pouvoir était dangereux, et tout ce qui était dangereux devait être étouffé, supprimé.

Dans ce système d'une féroce naïveté, ce ne sont pas, je vous jure, les innocents qui avaient les mains pleines.

L'habitude des révolutions a donné l'habitude des réactions.

Les révolutions sont devenues inutiles, *on les pare*. La parade une fois connue, le jeu est aussi simple, aussi régulier qu'un assaut dans une salle d'armes.

Les conservateurs n'ont presque pas d'opinion politique. Ils sont habitués à des rafles fructueuses, à des coupes périodiques dans le domaine public, et, pourvu qu'ils aient droit de chasse et de pêche sur le territoire français, ils ne se montrent pas difficiles sur le choix de la Majesté.

Il est cependant indispensable que ces méfaits se commettent *au nom de quelqu'un*, car il est évident qu'ils ne peuvent s'autoriser du consentement général, c'est-à-dire de la volonté de ceux-là mêmes qui sont lésés.

Telle est la source unique et clarifiée des haines que soulève le seul nom de la République.

Laissons, un instant, de côté les questions générales.

Il manque à la morale universelle un petit traité, facile à faire; il exige plus de patience que d'imagination; je m'en occuperai quelque jour. Les nations sont comme les individus, elles connaissent assez bien les autres et ne se connaissent pas elles-mêmes. Le traité dont je parle comblerait cette lacune et prouverait aux Français combien est fondé le reproche de légèreté et d'insouciance que leur font les autres peuples.

Il est peu de nations qui aient produit autant d'inventeurs dans les sciences, dans les arts, que la nation française, et il n'en est aucune dans laquelle les inventeurs soient moins connus.

A cet égard, les étrangers sont si soigneux de leur gloire qu'ils reproduisent, après les avoir fécondées, cent découvertes faites en France, et abandonnées ou par l'insouciance de leurs auteurs, ou par l'impuissance dans laquelle on les a laissés.

Longtemps la chimie a été une mode et la physique un passe-temps. Il a fallu que les Anglais missent en œuvre la vapeur, et que les pompes à feu, inventées à Paris, eussent été employées à Londres, pour nous décider à en faire usage à notre tour.

Il est vrai que l'industrie anglaise n'a de rivalités à craindre que dans les industries étrangères. Chez elle, loin d'être réduite à combattre la jalousie et les préjugés des classes privilégiées, elle a pour appuis le *gouvernement* et l'*aristocratie*.

Les choses ne se passent pas ainsi en France. M. Ch. Dupin a dit avec raison :

« Si la terre de votre champ couvre du sable ou des pierres, creusez-la, faites de ce sable ou de ces pierres l'usage que vous jugerez convenable, vous n'avez besoin d'aucune autorisation ni pour les vendre ni pour les transporter. Mais si cette terre recèle des métaux, gardez-vous d'y toucher, il vous faut une autorisation préalable. »

En Angleterre, le génie de d'homme reçoit des ailes, en France on lui met des boulets aux pieds.

Ce qu'un flot de la victoire avait apporté chez nous, de drapeaux, de peintures, de statues et de bronzes, un autre flot l'a remporté.

De tant de conquêtes faites et ravies, il ne nous est resté que des mécomptes.

Les fabriques d'étoffes de laine avaient pris un grand développement sous le ministère Colbert. Mais le pouvoir de Louis XIV, vieux et dévot, dirigé par le fanatisme, ne servit plus qu'à saper les œuvres de sa jeunesse. La tolérance avait favorisé les progrès de l'industrie ; en 1669, la France possédait quarante-quatre mille métiers pour la fabrication des étoffes de laine; quarante ans après, il n'en existait plus que dix-huit mille.

La révocation de l'édit de Nantes avait forcé les bras qui faisaient mouvoir les vingt-deux mille autres à sortir de France.

Le premier inventeur d'une machine à filer le lin a été forcé de s'expatrier et de porter sur une terre étrangère le fruit de sa découverte.

Plus d'une époque de notre histoire présente, sous d'autres noms, des mesures aussi fatales que la révocation de l'édit de Nantes.

La population manufacturière, riche et instruite, peut, au besoin, se passer de la protection de nos hommes d'État ; elle a même plus à craindre qu'à espérer d'eux. Ce qu'elle redoute, ce n'est pas l'obligation d'habiller l'indigence à bon marché; c'est le retour aux idées de ceux dont la maxime politique était que le peuple doit rester pauvre et mal vêtu; c'est que la mendicité ne redevienne une profession; c'est que l'entourage d'une foule en guenilles ne soit de nouveau pour les dames de paroisse un objet d'étiquette et de luxe.

A l'exception des forces aveugles de la nature, telles que les vents et les eaux, quand la puissance de l'homme cesse d'être individuelle pour devenir collective, cette puissance est toute morale. Elle s'exerce par la pensée et la volonté.

L'étendue de cette puissance est d'autant plus grande que l'emploi qui en est fait tourne à l'avantage d'un nombre plus considérable d'hommes ; elle est d'autant plus respectée qu'elle est plus généralement utile.

Les préjugés de retour auront beau faire, la considération ne sera plus déviée de sa route naturelle !

Déjà le dédain s'est attaché à ceux qui vivent aux dépens des autres et ne sont utiles qu'à eux-mêmes. On rit de l'orgueil de ces gens qui mettent leur gloire à rester debout devant ceux qui sont assis, découverts devant ceux qui sont coiffés ; et à se tenir droits et roides sur des escaliers ou collés contre des portes dont il leur est interdit de franchir le seuil.

Ils se sont, jusqu'à présent, rattrapés sur les petits, de leur humiliant servage.

C'est fini, il n'y a plus de petits.

Si le commerce et l'industrie ne peuvent se passer de liberté, conservons le régime qui nous l'assure.

Si la considération appartient désormais aux hommes d'intelligence et de travail, conservons le régime qui ouvre libre carrière au travail et à l'intelligence.

Si les révolutions ne peuvent plus porter que des fruits empoisonnés, conservons le régime qui nous met à l'abri des révolutions.

Quant aux cotillonneurs désespérés, aux courtisans traditionnels et autres budgétivores, une seule réponse est à faire : Passez votre chemin, on vous a déjà donné !

LA SOCIÉTÉ DE JÉSUS.

Quand les gens de la noce
Rentrent dans leur foyer,
Les uns vont en carrosse,
Les autres vont à pied.

Ainsi en a-t-il été de nos députés et de leurs sénateurs.

Et quand je considère le peu d'espace parcouru, le peu de résultats obtenus, il me semble que cela n'est pas naturel. On nous cache quelque chose ; il y a eu une restauration secrète. Je trouve partout la main d'un réactionnaire émérite qui n'ose pas se faire connaître, et j'en arrive à croire que c'est un nommé Louis XIX qui nous gouverne sous le voile de l'anonyme.

C'est Louis XIX qui a paralysé les efforts de l'Assemblée législative ; c'est Louis XIX qui inspire le Sénat ; c'est Lous XIX qui souffle à tous les rapporteurs des commissions que le moment est inopportun pour tenter ou réaliser quoi que ce soit.

Quand il aura remis le pays aux mains des jésuites, quand il sera sûr de l'armée, quand il aura placé des hommes dévoués à tous les postes disponibles, Louis XIX se fera connaître et proclamer.

Il va sans dire que la couronne doit être héréditaire, et se transmettra de mâle en pis, par ordre de primogéniture, et à l'exclusion perpétuelle des femmes et de leur descendance.

C'est là une précaution inutile, qu'on prend régulièrement tous les dix-huit ans.

Sint ut sunt aut non sint! « Qu'ils soient tels qu'ils sont ou qu'ils cessent d'être. » Ce fut la réponse de Ricci, lorsqu'on l'engageait à introduire, dans les statuts et règlements de la Société de Jésus des modifications appropriées à l'esprit et aux exigences de l'époque.

Ricci, général des jésuites, n'ignorait pas les périls dont la Société était entourée ; il connaissait les graves accusations qui pesaient contre elle dans tous les pays civilisés ; il savait que les jésuites subordonnaient toutes les influences et toutes les considérations à l'agrandissement de leur ordre ; qu'ils enseignaient le casuisme au lieu de la morale ; qu'ils professaient des doctrines qui sapaient en même temps les bases des relations sociales et de la moralité individuelle.

Et pourtant, sachant ces choses et beaucoup d'autres, voyant chaque jour grossir l'orage, Ricci décida que le système périrait plutôt que de subir aucune modification.

Ce que Ricci disait de la Société de Jésus, Louis XIX et ses acolytes l'ont dit de la France. « Qu'elle soit ce qu'elle était, ou qu'elle ne soit pas. »

Et ils reconstruisent péniblement l'édifice sapé par la Révolution ; ils remettent la poutre dans l'œil et le moellon sur la poitrine.

La République est là comme ce revêtement de bois qui, placé devant un monument en réparation, cache à tous les yeux le travail des ouvriers et la lenteur ou la rapidité de leurs opérations.

Un jour, on enlève l'enveloppe, et Louis XIX apparaît dans la plénitude de son triomphe.

Louis XIX, c'est n'importe qui, comte de Paris, comte de Chislehurst ou compte d'apothicaire : peu importe à MM. de Broglie et Buffet.

Ils ne tiennent qu'à une chose.

Sit Gallia ut erat aut non sit !

L'indomptable fermeté du général des jésuites nous donne le secret de la puissance de la congrégation, en même temps que de sa faiblesse.

Immuable dans son essence, elle s'est vue plus d'une fois arrêtée et renversée ; mais elle s'est toujours relevée, et elle marche aujourd'hui vers son but avec la même persévérance, avec la même audace.

La Société de Jésus, devenue rapidement incompatible avec l'existence des autorités politiques et religieuses, fut partout proscrite, et partout ses membres furent bannis : en Angleterre, en 1581 et 1601 ; en France, en 1594 et 1762 ; en Portugal, en 1598 et 1759 ; en Russie, en 1717 et 1817 ; en Espagne et en Sicile, en 1767 ; enfin, elle fut supprimée par le pape lui-même en 1773. Il est vrai que Clément XIV n'avait pas eu l'idée de promulguer sa propre infaillibilité.

Dispersés, les jésuites n'en conservèrent pas moins leur organisation.

Procédant d'après leur principe avoué : « *La foi n'a pas de patrie,* » ils s'établirent partout où ils purent, sans reconnaître de liens domestiques ni nationaux.

A peine expulsés d'un pays, les membres de la congrégation trouvent le moyen d'y rentrer; *ils changent de robe* et reprennent dans l'ombre leur œuvre un moment interrompue.

C'est ce cancer que la politique de Louis XIX a réinstallé sur notre poitrine.

Il y a des jésuites sous l'uniforme du soldat, sous la robe du magistrat, sous la redingote du chef de bureau. Ils font les éducations, distribuent les places, jouent avec nos codes — et reprennent les préfets qui ont cessé de plaire.

Ils se glissent partout; rien n'est trop élevé ni trop humble pour eux ; s'ils avaient du lait, ils se feraient nourrices.

Les forces du jésuitisme sont en conspiration permanente contre les libertés des peuples et contre la religion du Christ. Le jésuitisme n'a qu'une pensée et qu'une volonté ; et comme le pouvoir spirituel est supérieur à tous les autres pouvoirs, le jésuitisme constitue la plus formidable association qu'on puisse imaginer. De même que son amitié est toute-puissante, sa haine est mortelle. Or, le jésuitisme ne hait rien tant que la liberté, parce qu'elle est incompatible avec son existence. Aussi est-ce contre la liberté que sont dirigés tous ses efforts, particulièrement contre la liberté de la pensée, parce qu'en elle se trouve le germe de la liberté civile et de l'indépendance religieuse.

C'est aux jésuites qu'on doit le *Marianisme*, c'est-à-dire un culte particulier qui n'est plus le culte de Dieu. On ne parle plus de Dieu que dans l'histoire sainte. Dieu le Père étant le Dieu des Juifs, on l'a à peu près relégué. Le jésuite est à la vierge Marie ce qu'était jadis le chevalier errant à la dame de ses pensées. De même qu'Ève a apporté dans le monde le péché et la mort, Marie doit y apporter la sainteté et le salut. Le Christ même n'apparaît plus que comme un enfant, on le voit toujours dans les bras de sa mère. Ce n'est pas Jésus-Dieu, c'est le petit Jésus.

Le Marianisme ouvre une large carrière aux apparitions et aux miracles.

C'est là son moindre avantage.

Les jésuites entendent parfaitement l'art de vivre aux dépens d'autrui. Nous ne sommes plus à l'âge primitif de la croix de bois. Les jésuites font vœu de pauvreté ; mais ce vœu ne concerne que l'individu.

Avec quels fonds ont été construits les établissements qui se sont élevés et s'élèvent encore de tous côtés, et presque soudainement ?

En 1803, les Pères anglais avaient repris le nom de jésuites, un moment abandonné. Dix ans plus tard, ils possédaient trente établissements, nombre qui fut triplé au bout de quelque temps.

Le confessionnal amène beaucoup de découvertes intéressantes ; chacun des fidèles est un reporter. Ce que le jésuite ne peut apprendre des hommes, il trouve moyen de le savoir par les femmes ; ce que le père ne veut pas dire, le fils le révélera ; si les maîtres de la maison sont discrets, les domestiques parleront.

Quels sont les pénitents qu'on voit se présenter, le matin, en province, au seuil du confessionnal ? Des domestiques, de vieilles femmes, en un mot des gens qui s'occupent plus des affaires d'autrui que des leurs.

Leur confession donne le point exact de certaines situations, et tout profite à la Société.

Souvent il arrive qu'un fait ou une conversation, à moitié révélé dans un endroit, se trouve complété ou confirmé dans un autre ; et c'est ainsi que l'on sait tout.

On ne s'imagine pas la force de gens qui sont au courant des affaires les plus secrètes de la vie.

Cependant, si nos pères, avec beaucoup moins d'avantages que nous n'en possédons, ont pu tenir le jésuitisme en échec, nous, qui connaissons les funestes effets de ses doctrines, nous devons comprendre la nécessité de l'attaquer corps à corps, et avec une telle vigueur que ce soit pour ne plus se relever.

J'ai parlé, il y a quelque temps, d'un second gouvernement que je nommais le *pouvoir occulte*, et qui contre-carre constamment les efforts du gouvernement reconnu.

Ce gouvernement s'appuie sur les jésuites de toutes conditions, déguisés sous tous les costumes, buveurs de l'eau qui contient :

Acide oxhydrique......... 25 centigrammes.
Sulfure d'apparition...... 50 centigrammes.

Ils forment une population qui n'est pas le peuple, et leur roi mystérieux est Louis XIX.

RURAUX

Il n'y a plus lieu de calomnier Paris, la province a parlé. Vainement les conspirateurs monarchistes annoncent l'intention de persister dans leurs projets, on ne peut plus voir en eux que des objections contre le système qu'ils ont rêvé de relever.

Ceux mêmes qui ont été mordus par le chien d'Henri IV, c'est-à-dire les plus enragés, ne pensent pas que désormais on puisse obliger la France à marcher sur Paris.

Si fueris censor, primo te crimine purga.

Les vieilles déclamations ont jeté leur dernier soupir. On n'entendra plus le vieux soufflet des orgues de Barbarie répéter le refrain qui, jusqu'à présent, entraînait les campagnards :

« C'est toujours Paris qui se révolte le premier, et cependant, en temps de disette, il est toujours le mieux approvisionné, on y maintient le pain à plus bas prix que partout ailleurs.

« Amas confus d'hommes et de pierres, Paris a consumé les provinces ; il absorbe une grande partie des revenus de l'État ; il tient dans ses mains toutes les branches de l'autorité.

« Il n'y a pas de citoyens de Paris : on n'est pas citoyen d'un bal ou d'une barricade...

« Travailleurs des campagnes, quand finirez-vous avec la tyrannie de Paris? »

Les travailleurs des campagnes ont répondu.

Il a fallu du temps pour leur faire comprendre leurs véritables intérêts; enfin, c'est fait.

J'emprunte à Étienne Baudry, l'un des esprits éclairés qui ont eu, sur la population rurale, le plus d'influence salutaire, quelques observations à ce sujet.

Ce qu'était le paysan avant 1848.

Déjà la masse était propriétaire, mais l'individu n'avait encore qu'une petite étendue de propriété, quantité insuffisante à le faire vivre.

Aussi, le paysan, quoique propriétaire, travaillait pour les autres.

En ce temps-là, le journalier agricole étant toujours nourri où il travaillait, l'argent gagné était intégralement mis de côté, pour le moment où il trouverait à agrandir son *lopin*, par l'acquisition d'une parcelle à sa convenance.

Le suffrage universel a mis la France aux mains des paysans.

— Qu'est-ce que les paysans?

— C'est la majorité. Les paysans font les neuf

dixièmes des voix ; dans une chambre de mille représentants, les paysans en auraient neuf cents.

Le paysan n'a rien à gagner avec la monarchie, au contraire.

— Où vit le paysan ?

— Hors des villes. Il habite les bourgs, les villages, les hameaux, ou une maison isolée.

Ses rues ne sont pas alignées, elles ne sont pas balayées, ni arrosées ni éclairées. Elles n'ont ni trottoirs ni bornes-fontaines. On ne s'y promène jamais, on y passe, et rarement en voiture.

— Cependant le paysan s'y trouve bien ?

Oui, il y fait ses affaires ; et comme il n'a pas de frais, il *peut mettre de côté.*

Étant donné le retour d'une monarchie, il y a une cour, des bals, des chasses, des écuries, des meutes à entretenir.

La cour chasse, tue et mange le gibier de la couronne. Pendant ce temps, le paysan sera condamné à une amende, s'il tue, sans permission, un merle dans son champ, chez lui.

L'auberge pour café, des chemins pleins de pierres pour circuler, des soirées sur le seuil de sa porte, un fumier à sa droite, le paysan lit dans le journal à un sou qu'il y a eu un bal magnifique, ou que, pendant qu'il battait son blé sous le soleil ardent, la cour faisait la sieste sous les ombrages de Fontainebleau.

Et il attend le papier vert du percepteur.

Cesse donc d'avoir peur de la République, bon paysan.

Si tu as vendu, dans ces dernières années, plus cher qu'autrefois, c'est que les chemins de fer ont augmenté les débouchés; quel que soit le régime, la consommation restera la même.

N'oublie pas surtout que, si nous avons une période un peu dure à traverser, la monarchie conserverait pieusement tous les impôts extraordinaires, tandis que la République les diminuera, dès qu'il y aura possibilité de le faire, puisque la République, c'est le suffrage universel, et le suffrage universel, c'est toi.

89 *et* 48 *ont été deux révolutions agricoles.*

— L'ouvrier n'a-t-il pas, grâce à nos révolutions, pris dans la société une place aussi importante que celle du paysan?

— Non. Le paysan seul a profité des révolutions de 89 et de 48, à ce point qu'il est devenu possesseur de la plus grande partie du sol.

— Très-bien. A l'ouvrier l'industrie, au paysan l'agriculture; les parts sont égales.

— Non, par la raison que le sol fait vivre celui qui le cultive, au lieu que l'industrie ne donne à boire et à manger à l'ouvrier que si les travaux marchent.

Origine de la canaille.

— Est-ce une espèce nouvelle et née d'hier?

— C'est, au contraire, une espèce fort vieille, puisqu'elle remonte aux Césars. Elle date du coup d'État qui tua la République à Rome.

En même temps que s'écroula l'édifice républicain, la démoralisation politique et sociale fit son entrée solennelle dans le monde.

On consultait le peuple sous Scipion et sous les Gracques. On le flatta sous Tibère.

Néron lui donna des spectacles, d'autres lui donnèrent du pain ; et ce peuple avili accepta de manger le pain qu'il ne gagnait pas.

Arrivé à ce degré d'abaissement, le peuple devint la *canaille*.

La canaille est donc d'essence impériale.

Elle date de la chute de la République.

Le paysan date de la chute de la royauté.

César a inventé le voyou.

Quatre-vingt-douze a fait le paysan.

Si le paysan n'aimait pas la République qui lui a tout donné, c'est qu'il ne la connaissait pas. La canaille déteste encore plus la liberté, car sous le régime de la liberté il faut travailler pour vivre.

Paris a donc été l'instrument de l'affranchissement des travailleurs sur tout le territoire français; et les ouvriers qui ont fait la Révolution sont ceux à qui elle a le moins profité.

Ils ont payé les octrois, les droits les plus variés. A mesure que la ville prospérait, ils étaient refoulés vers les faubourgs.

Tandis que les paysans devenaient propriétaires, parce que la vie ne leur coûtait rien, les ouvriers des villes continuaient leur œuvre d'abnégation, mourant les mains vides, comme ils étaient nés.

Les travailleurs des campagnes n'accuseront plus ces soldats désintéressés et ne permettront pas qu'on les calomnie devant eux désormais.

Il n'y a plus de ruraux! le mot a été retiré par ceux-là même qui l'avaient inventé. La France a enfin compris que la conservation n'est désormais possible qu'avec la liberté. Les campagnes et les villes agissent de concert dans l'intérêt commun; le paysan, à peine éclairé, échappe à la pression qui l'a si longtemps tenu en tutelle; les messieurs de la tourelle et du bosquet en sont dès aujourd'hui pour leurs frais de persuasion.

Et que disent les journaux réactionnaires?

Ils s'inclinent sans doute devant la volonté du pays? Ils reconnaissent que la France est majeure et que l'heure des réformes nécessaires est enfin venue?

Ah bien oui; ils disent — c'est à n'y pas croire! — ils disent qu'il faut en finir, que l'Assemblée, nommée par le suffrage universel, a le devoir de l'écraser, de fouler aux pieds les institutions libérales que l'Empire même n'a pas osé toucher, et de passer à la France une camisole de force.

C'est payer bien cher un moment de panique devant l'invasion étrangère que de subir si longtemps une situation aussi lourde et aussi humiliante!

On dit que César, étant tombé entre les mains des pirates, leur lisait ses harangues, les traitait de barbares, quand ils n'écoutaient pas, leur promettait de les faire pendre, s'il retournait jamais à Rome; et ce qu'il y a de curieux, c'est qu'il leur tint parole.

La majorité de l'Assemblée, ce César aux quatre cents têtes, nous prendra-t-elle pour des pirates? La confusion serait malheureuse et inutile. Ce que Napoléon a trouvé au retour de l'île d'Elbe, ce regain d'enthousiasme causé par la commune infortune; ce qu'a aussi trouvé Louis Bonaparte à son entrée à Paris, cette lueur boréale, souvenir encore grandiose de la légende passée, la majorité de l'Assemblée le cherchera vainement.

Un audacieux peut tenter un coup de main et le réussir; une Assemblée a, dans elle-même, trop d'éléments disparates, et l'énergie s'en va par les fissures.

Malheureuse France! malheureux peuple! à quelles mains pourriez-vous être livrés, si la sagesse inflexible du parti démocratique et son impassible modération n'avaient donné les coups dont vous étiez menacés?

La condescendance de la gauche a empêché l'explosion; le corps qui frappe ne trouvant pas de point d'appui dans celui qui cède, fait moins de ravage, et le gouvernement, en reculant sans cesse, a fait la résistance des *corps mous*.

Quelle que soit l'attitude des ennemis de la liberté, leurs menaces ne peuvent être suivies d'effet.

Jamais Paris n'a été plus calme, la rue plus souriante.

Nous allons rentrer en possession de nous-mêmes; une bonne constitution et de bonnes lois nous attendent. Nous ne risquerons plus de tomber sous la griffe de quelque misérable arrivé par la faveur et abusant du lambeau d'autorité que le souverain lui avait jeté comme une aumône.

La France touche à sa véritable grandeur... Et ce qu'il y a de curieux, c'est nous qu'on avait ruinés et c'est la Bourse de Vienne qui ferme !

LES CLASSES DANGEREUSES

Je me rappelle un endroit des lettres de madame de Sévigné, le seul, je crois, où elle parle des passions. Ce n'est point en forme de raisonnement profond ni subtil, c'est une image vive qu'elle suit. Elle avait vu couper des vipères pour faire des bouillons à madame de Lafayette. « On coupe la tête et la queue à cette vipère, on l'ouvre, on l'écorche, et toujours elle remue : une heure, deux heures, on la voit toujours remuer : nous comparâmes cette quantité d'esprits si difficiles à apaiser à de vieilles passions... Que ne leur fait-on pas ? On dit des injures, des rudesses, des cruautés, des mépris, des querelles, des plaintes, des rages, et toujours elles remuent ; on ne saurait en voir la fin ; on croit que, quand on leur arrache le cœur, c'en est fait, et qu'on n'en entendra plus parler ; point du tout, elles sont encore en vie, elles remuent encore. »

La passion politique, l'entêtement des vieux

partis ne ressemblent-ils pas à ces tronçons de la vipère ?

Le commencement de République qui nous a été accordé nous permet au moins de nous recueillir. En 1880, la République aura dix ans ; d'ici là, nous faisons une halte dans les marges de l'histoire.

Pendant que les citoyens actifs et éclairés s'occupent des élections, il nous semble que notre rôle de causeur doit s'étendre aux sujets qui feront certainement l'objet des prochaines discussions.

L'organisation du travail est une des questions qui intéressent le plus l'ordre social.

Nous aborderons plus tard cet important sujet.

L'existence humaine est en butte à des revers dont aucune prévoyance personnelle ne saurait nous garantir. La mort, la maladie, la perte d'un membre atteignent à l'improviste l'artisan laborieux : que devient sa famille ?

L'homme qui n'a jugé la pauvreté que dans ses effets sur l'habitant des campagnes n'a aucune idée de ce qu'elle peut être dans les bas-fonds d'une cité. Si humble que soit l'abri, on le voit entouré d'un petit jardin où l'air circule, où les rayons du soleil viennent jouer sur le feuillage ;

en hiver, le foyer étincelle et répand son peu de chaleur sous l'humble toit. Dans la ville, une cave humide, obscure, fangeuse, abrite sept, huit personnes ; des tortures inouïes s'y amoncellent, et il faut, pour y croire, en avoir étudié les mystérieuses horreurs.

Il y a quelques années, parut un ouvrage intitulé : *Des Classes dangereuses de la population.* L'auteur a mis en lumière les causes nombreuses qui laissent chaque jour sans emploi l'activité d'un grand nombre de citoyens.

« Une momenclature immense, qu'il serait très-long, dit-il, et très-difficile d'établir, fournit coup sur coup et de toutes parts des légions sans travail et sans ressources, toujours à deux doigts du pillage et du vol. La mendicité semble la transition entre les classes laborieuses et les classes criminelles ; et les divers pays se les renvoyant sans cesse de l'un à l'autre par des mesures de police toujours de plus en plus rectrictives, il est facile de prévoir le moment où, si l'organisation des lois sur la mendicité ne prend un ensemble européen, on se trouvera dans l'alternative de les encourager sans mesure ou de les massacrer sans pitié. »

Le même auteur nous apprend qu'il y avait en

France, avant 1789, un nombre considérable de mendiants condamnés à la roue pour raison d'attaques, incendies, vols et assassinats. Cette punition paraît avoir été aussi générale qu'elle était terrible, car c'est ainsi que *leurs bandes furent détruites*.

Il est vrai que ces mendiants n'étaient ni plus ni moins que des bandits régulièrement associés. Ils formaient comme une opulente confrérie ; les plus avisés faisaient l'usure, et le rapport d'un agent de police, nommé Vincent, nous permet de donner à nos lecteurs un spécimen de leurs menus plaisirs.

Rapport sur le dîner que l'état-major de la confrérie des mendiants de la capitale donna dans l'année 1726, *chez un marchand de vin de la rue Saint-Jacques.*

Je me suis transporté chez le sieur Drouet, cabaretier, près de l'Estrapade. Une table en fer à-cheval, large et clouée sur de puissants tréteaux, se trouvait disposée, chargée de deux cents couverts. Le sieur Drouet me fit passer près des commissaires ordonnateurs du festin pour un de ses neveux, et je dus mettre la main aux accessoires du service.

Une loueuse de chaises d'un jardin public avait fourni deux cents siéges, et l'on avait fouillé dans l'arsenal des théâtres forains à l'effet de tapisser les parois de l'immense cave, dont la vétusté disparaissait sous un bariolage de décorations hétéroclites, et des régiments de chandelles étaient accrochés aux traverses de bois.

Les vins furent dégustés l'un après l'autre, patiemment ; les bouteilles suspectes furent écartées et remplacées. On chargea les tables de friandises : sardines, anchois, olives et toutes les délicatesses de la saison ; des pâtés de venaison tout chauds, qui jetaient un fumet exquis ; des chapons de Bresse, des gigots musqués de cette petite pointe d'ail dont l'eau vient à la bouche rien qu'en y songeant ; des forteresses de côtelettes désossées et poudrées de fine chapelure ; quelques hures de sanglier dans leur gelée crénelée comme une tour. Vingt-quatre cochons de lait, dont les entrailles étaient recousues, devaient contenir des merveilles gastronomiques.

Les invités arrivaient coup sur coup, se groupaient, se félicitaient ; quelques-uns vinrent en fiacre. Je reconnus là des gourgandines qui se tiennent à la porte des églises, bichonnées, décrassées ce jour-là. Les estropiés étaient en fort grand nombre. Des mendiants galantins apportèrent des fleurs qui s'étalèrent bientôt au corset de ces dames...

La haute des mendiants fait de ces solennités

quatre fois par an. Dans ces repas s'agitent les grands intérêts du métier.

Le Julien de Fiedling s'exprime ainsi dans le voyage de ce monde à l'autre :

« Je naquis au sein d'une pauvre et nombreuse famille qui, pour être franc avec nous, cherchait à vivre de gueuserie. Cette industrie est un métier régulier comme les autres, et l'apprentissage n'en est ni moins long ni moins pénible que celui de toute autre profession.

Pour quelques-uns, la nature fait d'avance la moitié de la besogne.

Aucune profession n'exige une plus profonde connaissance du cœur humain ; et il y aurait avantage pour un politique d'être élevé parmi les gueux. Il y a d'ailleurs plus d'analogie qu'on ne pourrait croire entre ces deux conditions : toutes deux ont le même but et y parviennent de même, en abusant l'humanité crédule. Le mendiant se contente de peu, le politique ne laisse rien à glaner après lui ; toute la différence est là. »

La mendicité par lettres est une des plus avantageuses ; il faudrait que les bonnes âmes pussent voir dans la poche de celui qui use de cette méthode des paquets d'épîtres toutes préparées d'avance, écrites de la même main, mais différant par la liste des infortunes qu'elles exposent.

Sheridan fait dire à M. Puff que : « Ses malheurs et ses maladies l'ont nourri deux ans, tour à tour incendié, privé de ses membres, saisi pour dettes, hydropique, goutteux et veuf avec sept enfants. »

On a érigé en profession régulière le métier d'écrire les lettres d'imposture ; il y a des bureaux où des écrivains sont à la disposition de leur nombreuse clientèle.

Beaucoup de mendiants quittent Paris vers la fin du printemps ; ils ont leurs *eaux* favorites.

Voici la liste des *métiers* qui fournissent des hôtes aux maisons de logeurs :

1° Les gens qui voyagent dans un état voisin de la nudité, demandent des habits et du pain.

2° Les vendeurs de remèdes ; ils sont décemment vêtus et se font précéder de quelques affiches et de prospectus.

Le lendemain, un roulement de tambour annonce leur arrivée dans le village.

3° Les victimes des malheurs récents, naufragés, blessés à Sedan, etc...

4° Les diseuses de bonne aventure.

5° Les marchands de chansons.

6° Les raccommodeurs de parapluies, qui, si

l'on n'y prend garde, raflent en une matinée tous ceux d'un village.

Les parapluies volés se vendent ensuite à Paris les soirs où il fait gros temps.

Il ne faut pas se dissimuler que la charité privée rencontre de grands obstacles : d'une part, la crainte fort justifiée qu'inspirent les menson ges par lesquels on la provoque trop souvent ; pui les conseils d'une cruelle philosophie qui, trai tant les hommes comme des quantités données réplique durement aux clameurs de la faim pa cette rigoureuse prescription : *Travaillez!* comm si le travail ne manquait jamais aux bras d l'homme.

Que si, les poussant à bout de logique, l'ouvrie sans pain demande à ces admirables raisonneur le travail qu'ils lui imposent, ils savent fort bie lui répondre qu'ils ne sont point obligés de lu en fournir.

Le fléau de la mendicité frappe également su tous les pays. Quelques philosophes allemand s'imaginaient avoir découvert un remède infail lible en interdisant le mariage aux classes pa vres. A leur grande surprise, un accroisseme considérable dans le nombre des naissances f la conséquence immédiate de cette prohibitio mal entendue.

Il y a quelques coins de terre où l'espèce humaine fourmille et où il n'y a pas un centimètre du sol qui n'ait son propriétaire ; et, rien qu'en Amérique, du détroit de Magellan jusqu'au Texas, il y a de quoi loger et nourrir quatre fois la population de l'Europe !

LES CLASSES DIRIGEANTES

Où en sommes-nous? Que fait-on, et qu'attendons-nous?

Le *statu quo*, c'est la réaction. Ne rien faire, c'est reculer.

Avant la Révolution, la société se trouvait constituée au profit du petit nombre; l'habitude, les institutions, les préjugés maintenaient cette situation. Insensiblement, l'industrie répandit et divisa les richesses entre la masse de la nation; celle-ci grandit en lumières, en pouvoir, en toutes choses; elle demanda enfin que la société fût constituée, non pas exclusivement dans l'intérêt de quelques-uns, mais dans l'intérêt de tous, et ce jour-là la révolution se fit.

Le même progrès s'est accompli dans diverses contrées des deux mondes. D'autres pays, retardés par le climat ou par des barrières naturelles, marchent à grands pas vers le même point. L'idée sociale les a touchés et leurs fronts se relèvent.

En France, la révolution est faite; et nous pouvons ajouter que, quels que soient les hasards de la politique ou les coups de chance de la force, il ne peut y avoir de contre-révolution durable.

En effet, personne ne soutient aujourd'hui le principe qu'il faut gouverner dans l'intérêt exclusif de quelques-uns.

La société doit être organisée dans l'intérêt de tous, et, malgré les égoïsmes récalcitrants, le point est admis sans contestation. Les ennemis du progrès prétendent ne différer que sur le mode d'application, ce qui est une façon de retarder les résultats.

Le véritable ordre social, c'est la justice pour tous; la justice pour tous, c'est l'égalité.

La Révolution ne fut point destinée à rester un état permanent; elle fut un mouvement énergique qui mit chacun à sa place.

Depuis lors, la société française est en travail pour trouver une assiette convenable sur le nouveau point d'appui où la Révolution l'a placée.

Ce qu'il y a de plus bizarre sur la terre, après la justice et l'inégalité des conditions, c'est la différence des jugements sur des actions qui, pour le fond et souvent pour la forme, sont identiquement les mêmes.

En établissant parmi nous l'ordre général, la Révolution a favorisé de nombreux intérêts privés et blessé une foule de vanités individuelles. La lutte l'a par instants rendue violente; elle a effrayé les hommes timides et a pu altérer ainsi sa bonne renommée.

Les monarchistes de notre époque ont adopté la plupart des doctrines du gouvernement représentatif; seulement, ils veulent le séquestrer exclusivement à leur profit et tenir en état d'excommunication sociale les républicains et les socialistes à qui sont chers et sacrés les mots et les souvenirs de la révolution par qui le gouvernement représentatif fut conquis.

Il s'agit donc de savoir par qui de nous il sera tenu, et vers quel but il sera dirigé.

Il y a un parti qui adopte du gouvernement représentatif toute la partie qui concerne l'influence du ministère et de l'aristocratie, mais ce parti soutient que l'influence de la démocratie y doit être subordonnée et quasi fictive.

Ce parti enverra à un département qui a nommé cinq ou six députés républicains un préfet légitimiste ou bonapartiste.

C'est le contraire de l'ordre, de la raison et de la justice.

Il faut voir le sourire dédaigneux de ces suivants du duc de Broglie à l'égard du ministère actuel. Ils ne pouvaient supposer que leur parti renfermât des hommes qu'on dût juger plus habiles qu'eux à gérer les affaires.

Ils admirent la bonhomie de leurs collègues de la gauche, qui se contentent de protester doucement en disant que ce n'est pas pour ce que nous voyons aujourd'hui que les républicains ont conquis le pouvoir.

Quant à nous, nous attendons que le ministère tente des choses saillantes. Oh! nous ne serons pas exigeants; qu'on commence par les plus petites, mais qu'on commence.

« Le peuple, a dit Lamennais, ne fait point de classes; il ne crée point de priviléges, il délègue des fonctions.

« Hypocrites, *qui vous dites chrétiens*, ouvrez la loi chrétienne; vous y lirez : Les princes des nations dominent sur elles, et ceux-là sont plus grands qui exercent la puissance. *Il n'en sera pas ainsi* entre vous; mais que celui de vous qui voudra être le plus grand serve les autres...

« Donc, à qui que ce soit qui osera se dire votre maître, répondez : Non. Ne vous laissez opprimer par les hommes de violence ni tromper par ceux qui vous prêchent la servitude au nom de Dieu. »

Les éléments de force de l'opposition réactionnaire se trouvent dans les personnes et dans les circonstances suivantes :

1° La *noblesse ancienne*, qui a presque disparu, mais dont les restes se sont accrus d'une *noblesse nouvelle* qui tâche de conquérir par son attitude le vernis de l'authenticité.

2° Le *clergé*, toujours à la recherche de ses priviléges perdus.

3° Les *fonctionnaires publics*. Il en est très-peu qui soient dans une position vraiment indépendante. C'est l'effet des lois et du système actuel. Les fonctionnaires publics tiennent les salons des petites et des grandes villes de province. Par eux, telle opinion est de *bon ton ;* telle autre ne peut être professée, si loyalement que ce soit, sans exposer ses prosélytes à un isolement complet. Beaucoup de braves gens qui ne demandent pas mieux au fond que le triomphe de la République n'ont pas le courage d'affronter cet ostracisme d'un genre nouveau.

4° La *peur des excès* et l'*amour du repos*. La Révolution a produit ou subi deux secousses violentes dont certains esprits médiocres ne sont pas encore revenus. Ils n'ont pas compris comment, avec des intentions loyales, on a pu être entraîné si loin. Le raisonnement n'a pas changé pour eux; ils ne croient sérieusement qu'à l'expérience, et encore à une seule expérience.

5° Les *antécédents*. Dix-huit années d'empire, dix-sept années de monarchie constitutionnelle ont laissé des empreintes encore visibles.

6° Les *lois du premier et du second empire*. Ce que le despotisme et l'hypocrisie ont pu obtenir d'une civilisation dépravée se rencontre dans le hideux arsenal des lois, décrets, ordonnances, règlements et coutumes non encore abrogés. Le caractère national en est resté profondément altéré.

Les obstacles que rencontre la réaction, qui s'intitule à tort *conservation*, se trouvent dans les éléments suivants :

1° La lassitude des *dynasties périodiques*, périodiquement renversées.

2° Les *hommes de la Révolution*, c'est-à-dire les vétérans de la République et de leur race.

3° Les *hommes lettrés*, la grande majorité des avocats, des médecins des notaires.

4° Les *chefs d'industrie*. Il est à remarquer que plus la position s'élève, plus le triomphe de l'idée démocratique est complet. Nulle situation n'est plus favorable que celle d'un manufacturier ou d'un armateur à l'étendue des idées, au sentiment de la dignité personnelle, au besoin de la liberté.

5° La *jeunesse*.

6° La tendance générale de l'humanité, l'alliance tacite des peuples.

Telle est, je crois, l'indication exacte et impartiale des éléments d'une lutte dans laquelle deux ordres d'idées et d'intérêts se disputent non pas la possession de la France, mais celle du monde.

L'issue est peut-être éloignée et ses chances diverses, mais le résultat définitif en est d'autant moins douteux. Le christianisme a laborieusement conquis son empire ; la démocratie subira les mêmes alternatives et obtiendra un triomphe plus complet.

Le but vers lequel tant de volontés unanimes tendent avec énergie, croyons que la France ne sera pas la dernière à l'atteindre. Ce n'est pas vainement qu'il lui a été donné d'être la première à le désigner.

En 1789, nous n'étions qu'une nation ; aujourd'hui nous sommes un monde. « Vous, au contraire, dirai-je aux adversaires des idées sociales répandues sur toute l'Europe, vous portez au front les traces de la décrépitude et le signe de la mort. »

Vous demandez l'avenir à la vieillesse qui s'enfuit, et vous conjurez le temps d'arrêter la génération qui s'avance.

Pour vous maintenir encore en équilibre, il vous faut emprunter notre langage, nos mœurs, nos institutions.

Vous avez eu à votre disposition tous les éléments du pouvoir, qu'en avez-vous fait? Quel parti en avez-vous tiré? Quelle institution avez-vous fondée? Pouvez-vous en établir une seule sur l'intervention libre des volontés individuelles, sans la voir détourner à notre profit?

Il n'y a eu de bon dans vos œuvres que ce que nous y avons mis.

S'il est vrai qu'Adam ait jamais goûté au fruit qui devait lui donner la science du bien et du mal, ce n'est pas de lui que vous descendez!

DU CABOTINAGE

DANS LA VIE PRIVÉE, DANS LA POLITIQUE ET DANS LES ARTS.

Laissons les coulisses, le fard, le rouge, la rampe et ces morceaux de carton peint qui représentent si mal les arbres et les palais. Étudions la mise en scène politique, le charlatanisme dans la science, les machines qui séduisent le peuple, les effets qui retournent les empires, assurent les réputations, plaisent aux femmes, et permettent aux gens qui possèdent ou briguent le pouvoir ou le crédit de se passer de talent, de bon sens, d'énergie et même de conscience.

Cet art se nommait autrefois le charlatanisme. Le charlatan donnait le remède pour rien et vendait la fiole.

Aujourd'hui de grands génies l'ont perfectionné ; le dédain n'est plus de saison.

L'homme se laisse séduire et mener par les apparences. Des jouets, des costumes, des coups de théâtre, des changements à vue, des jeux de scène, de la pompe, du spectacle, c'est tout ce qu'il lui faut ; cela lui évite la peine de penser.

Il y a dans les masses une soif, un besoin de crédulité surprenants, un invincible amour pour les symboles extérieurs, pour tout ce qui frappe la vue et les sens.

L'idée du pouvoir est peu de chose par elle-même ; mais un trône couvert de velours, étincelant de dorures, élevé sur des gradins, surmonté d'un dais, voilà le chef, le maître.

Rappelez-vous l'histoire de ce paysan à qui son seigneur avait promis de lui faire voir le roi.

Le seigneur, qui était de parole, amena le villageois dans un coin du jardin de Versailles et lui dit :

— Tu vois bien ces trois personnes qui se promènent là dans l'allée ?

— Oui.

— Eh bien ; celui qui est au milieu, c'est le roi Louis XIV.

Le paysan, stupéfait, s'écria :

— Mais c'est un homme !

Un médecin qui vous révèle sans ambages l'état de votre maladie n'attire que médiocrement votre confiance. Le tireur de cartes ou le somnambule se fait une clientèle bien plus nombreuse avec le demi-jour, les simagrées, les semblants d'inspiration.

De là, l'application du cabotinage à la médecine.

La médecine est pour le riche ce que la religion est pour le pauvre. Le riche craint pour le salut de son corps, le pauvre pour le salut de son âme. Le peuple mépriserait une religion sans cérémonies ; les hautes classes estiment surtout une médecine imprégnée de charlatanisme.

Même dans les travaux d'érudition, un homme habile trouve moyen d'introduire le drame et de doubler le prix de ses travaux.

En politique, l'art théâtral est d'une bien plus haute importance. La politique est un terrain vague où toutes les nuances se confondent, où tout le monde a tort, où tout le monde a raison, où l'on s'égare sans crime et sans honte, où l'on flotte toujours entre la vérité et le mensonge, où rien n'a sa valeur naturelle ni son prix ordinaire.

Il serait pénible d'introduire dans cette sphère équivoque et crépusculaire l'analyse, l'observation, l'examen. Parlez-moi d'une politique théâtrale ; c'est celle qui nous sauve ; elle dissipe les meilleurs arguments ; le triomphe des mauvaises causes est certain quand un habile dramaturge prend la direction d'un parti, d'une faction.

Ouvrez une trappe, faites glisser un décor, groupez vos personnages, amusez les peuples, et il n'est rien dont vous ne puissiez venir à bout — avec un peu d'esprit et de bons comparses.

Le Français est spécialement et naturellement théâtral. Sa politique est plus variée, plus amusante que celle des autres peuples.

La splendeur de Louis XIV est toute dramatique ; son règne est *à grand spectacle*. Il soutient son rôle de guerrier, de dévot et d'administrateur avec une admirable persévérance. Sa cour suit l'armée qui marche sur la Hollande ; c'est un héros.

Il partage son temps entre Bossuet et mademoiselle de Fontanges, c'est un dévot.

Il signe les listes de pension présentées par Colbert, c'est un protecteur des arts.

Grand comédien ! Bonaparte seul l'a dépassé.

Tout, chez Bonaparte, était combiné pour l'effet. Ce costume bizarre, ce petit chapeau, cet habit hétérodoxe, boutonné par le haut, entr'ouvert par le bas ; ces mouvements brusques et inattendus, ce talent de sourire et de s'emporter, ces bras croisés avec une énergie si bien calculée, ces ordres du jour, cette constante attention à se poser, à se draper, même dans l'agonie, attestent la profondeur de ses vues et la conviction où il était qu'un personnage historique perdrait une partie de sa puissance, s'il négligeait le costume et la mise en scène.

Uniformes étincelants, aristocratie militaire, pompe guerrière et presque asiatique, tout un magasin d'accessoires dans les coulisses des Tuileries.

« Je sais bien que je suis ivre, mais vous n'en devez pas moins présenter les armes à ma bamboche. »

J'entendais un jour ce singulier propos sous ma fenêtre, à Rochefort ; et l'altercation s'échauffant entre une sentinelle et un matelot de l'État, je crus devoir intervenir comme conciliateur.

— Monsieur, balbutiait l'ivrogne, j'ai bu un coup de trop, on peut me mettre au corps de garde, mais on doit d'abord présenter les armes à ma bamboche.

Et il montrait à la boutonnière de sa veste un long ruban rouge et une croix pendante au bout.

— Vous êtes chevalier de la Légion d'honneur? lui dis-je.

— Oui, bourgeois ! et je puis dire que je n'ai pas volé la bamboche ! C'est mon amiral qui me l'a attachée lui-même en me disant des choses que je n'oublierai jamais, mais que je ne sais plus du tout pour le quart d'heure.

Et, dévisageant la sentinelle, il ajouta :

— Mauvais soldat, grenouille de fossé, apprends donc la consigne : Présentez armes ! le matelot a bu, mais la bamboche est à jeun !

Charles X était un mauvais directeur de spectacle. Il prétendait faire adopter à son public une mise en scène passée de mode.

Il est vrai que le peuple français était alors difficile à amuser ; les représentations du Trocadéro lui semblaient mesquines, le triomphe d'Alger ne le satisfaisait que médiocrement. Il valait mieux fermer le théâtre et ne pas attendre que les spectateurs se levassent pour briser les banquettes.

Chose singulière, le cabotinage sert jusqu'aux criminels.

Si l'empoisonneur, le meurtrier marchent à la mort la tête haute et d'un pas ferme, ils sont les héros d'une semaine.

L'aumônier dit au criminel qu'il est sauvé, s'il se repent ; les journaux répètent ses dernières paroles, personne ne doute que le coupable n'aille tout droit en paradis ; et tandis qu'un homme ordinaire, dont aucun forfait n'a souillé la vie, la quitte avec terreur et se demande quel accueil lui fera le juge suprême, la grâce efficace va chercher précisément les indignes.

On a fait de chaque exécution un mélodrame. Le peuple, au lieu de frémir de terreur devant ces redoutables sacrifices à l'ordre social, s'est plu à calculer le degré de courage de chaque victime.

Tous concourent à la même perversion de la sensibilité publique. Le compte rendu est rédigé dans le style du roman le plus emphatique; l'avocat général tâche de faire oublier Démosthène; les défenseurs calculent le bruit que feront leurs discours; les ecclésiastiques comptent sur une belle conversion.

Les fournisseurs de nouvelles assiégent la prison et recueillent les moindres paroles du condamné.

C'est ainsi que la législation perd cette sainte et salutaire horreur qui devrait s'attacher à l'exécution des lois.

Des *imitateurs de crime*, car le crime a ses plagiaires, marchent sur les traces de ces grands coupables. La morale du peuple se déprave, il s'habitue au cabotinage même de la mort.

Le charlatanisme et le mensonge sont-ils

véritablement deux éléments de l'état social?

La chimie naît de l'alchimie ; l'astronomie de l'astrologie. Tous les bienfaiteurs de l'humanité furent des charlatans plus ou moins hardis.

A notre époque modeste et vétilleuse, le médecin écrit de petits pamphlets sur l'usage de certaines eaux ; un autre sur les maladies nerveuses.

Le pharmacien, son compère, le recommande à ses pratiques; dans sa boutique, une foule de bouteilles frappent les regards; étiquettes sur étiquettes, noms latins, signes cabalistiques; et la plupart des médicaments ne sont jamais employés.

Ces bocaux resplendissant d'une liqueur bleue, rouge ou verte, à quoi servent-ils ? A vous éblouir, et rien de plus.

Qui que vous soyez, ayez vos tréteaux et votre rôle à jouer ; surtout ne vous avisez jamais de rougir.

En France surtout, il y a une foi implicite au charlatanisme.

Quel pays a mieux traité les comédiens? Quel pays possède autant de financiers, une législation aussi embrouillée, une palette politique où les couleurs soient plus mélangées?

Prospectus, lazzis, grimaces sont les résultats d'une longue expérience...

Rappelez-vous celui qui fut tour à tour *comediante*, *tragediante!*

LE DIVORCE

Un de mes anciens amis, Frédéric M..., est entré chez moi ce matin.

— Je viens vous faire mes adieux, m'a-t-il dit.

— Vous partez ?

— Je retourne à Strasbourg.

— Pour longtemps ?

— Pour deux ou trois mois.

— Eh bien ! nous nous reverrons...

— Je ne le pense pas.

— Pourquoi donc cela ?

— Je vais devenir Allemand.

Ce mot me fit bondir.

— Vous ? Cela n'est pas possible !

— C'est pourtant vrai.

— Comment ! après vous être battu dans nos armées ? Avec la médaille et la croix sur la poitrine ?...

— Je les ôterai... Je les garderai précieusement dans un tiroir.

— Mais enfin, la raison de ce changement ? Frédéric ouvrit un journal et m'indiqua un passage :

« Le divorce vient d'être rétabli en Alsace-Lorraine. »

— Vous comprenez maintenant ? ajouta-t-il. Je me suis marié à vingt-neuf ans. J'avais une fortune de deux cent mille francs qui n'a guère duré aux mains de mon épouse.

Dès qu'elle me vit ruiné, elle s'avisa tout à coup que j'avais eu vis-à-vis d'elle les torts les plus graves.

— Mais vous avez fait une nouvelle fortune ?

— Il n'était plus temps ! J'avais été traîné dans la boue — à prix d'or — par les gens qui vendent l'insulte et qui ont, comme les pharmaciens, une armoire aux poisons.

On ne se doute guère de la façon dont les choses se passent en pareil cas. C'est presque toujours l'insulteur qui a raison ; or, un galant homme y regarde à deux fois avant de jeter l'opprobre à la femme qui porte son nom... J'ai quarante ans aujourd'hui ; je suis seul, les filles me répugnent, et je veux être, comme tout le monde, mari et père. Je vais donc dans un pays où l'on peut, quand on a eu la main malheureuse, faire une seconde expérience.

— Je vous comprends, répondis-je ; mais ce sacrifice doit vous être bien pénible ?

— Il me coûte horriblement ; mais je me suis raisonne, on a beau se faire des illusions, la France est appelée à périr dans un avenir borné, si elle n'est sauvée par quelque miracle. La rouille mange les ressorts, la vermine dévore les mécaniciens. Il n'y a ici que mensonge et hypocrisie.

On nous promet la liberté des cultes. Eh bien, je suis protestant, moi ; je n'ai pas été marié à l'église, et je suis obligé de suivre la loi des catholiques. Pourquoi ?

— C'est une bêtise à ajouter à bien d'autres.

— Tenez, reprit violemment Frédéric, on a beau renverser les rois et les empereurs, la France retombe toujours aux mêmes mains ; et moi, républicain, il y a des moments où je me demande si je n'ai pas eu tort d'accuser quelquefois les souverains de ce pays-ci de fautes qui ne sont pas de leur fait.

— Et je suis sûr, demandai-je, que votre décision a été amenée par quelque circonstance futile.

— Vous avez raison ! je me suis rencontré, cet été, dans une ville d'eaux, avec la marquise de X..., une très-jolie femme, qui plaide en séparation contre son mari. Elle avait obtenu du juge l'autorisation d'aller prendre les eaux pendant l'instance, et cela pour raison de santé. Or, elle se porte comme vous et moi.

.Le fait n'a pas grande importance...

— Non, mais ce qui en a, c'est que, en deux mois, je lui ai connu trois amants... et notez que, d'après la signification sur papier timbré, il est fait défense au mari de pénétrer chez madame, *sous peine d'être expulsé par la force publique*.

— Il peut toujours faire constater l'adultère.

— Sans doute, mais c'est là un scandale auquel on se décide péniblement.

Et, dans quelques jours, un monsieur viendra, pour deux ou trois mille francs, célébrer les vertus de cette jeune et intéressante victime !...

— C'est assez pittoresque, en effet.

— Ce matin encore, je déjeunais chez Z..., un avocat de l'école des honnêtes gens, qui m'a raconté le trait suivant :

Une jolie femme est venue le trouver, il y a quelques jours, et lui a remis ses pièces. Celle-là aussi demande à recouvrer sa liberté... Or, ce matin même, la mère s'est présentée chez l'avocat de sa fille. — Monsieur, lui a-t-elle dit, nous ne sommes pas au courant des usages... Je viens vous demander si, pendant qu'elle plaide en séparation, ma fille peut vivre maritalement avec quelqu'un ?

— Mais, non, madame ! fit l'avocat.

— C'est que sa situation est si pénible ! jeune, ayant connu l'amour...

— Tenez ! s'est écrié le défenseur, voici vos pièces, fichez-moi le camp !

Eh bien ! mon cher ami, continua Frédéric, je vous demande si c'est attenter à l'ordre et ébranler les bases de la société, que de vouloir en finir avec des ignominies de ce genre ? Pour moi, c'est ce cas particulier. Pour un autre, ce sera une affaire d'un autre genre ; une interdiction prononcée à la faveur d'héritiers influents, un cas supposé d'aliénation mentale, ce qui s'est vu souvent. Eh bien ! puisque rien n'y fait, puisque les conservateurs de tous les abus ont toujours raison, je m'en vais...

— Adieu, Prussien !

— Dites Allemand... c'est moins dur.

— Bonjour, Allemand !

— Adieu, Français !

Il sortit...

J'allumai un cigare et je me mis à dépouiller les journaux du matin.

Il y était question d'ordre social, de société en péril. L'un disait que les républicains menacent la famille et la religion ; l'autre, qu'il fallait veiller au salut de la France, lequel dépend uniquement d'un prince qui lui a promis deux préfectures.

Quand on lit assidûment les journaux d'opinions différentes, on est effrayé du vide de leurs raisonnements et de l'inanité de leur politique. Toute opinion y semble basée sur un intérêt. Chacun chante son air favori, s'efforçant de retenir les passants pour leur offrir un élixir.

— Prenez l'eau des Bourbons ! c'est un remède de bonne femme, mais il a guéri les souffrances de vos pères ! Plus de cors aux pieds ! plus d'engelures ! Invasion, dyspepsie, émeutes, maladies du foie, paralysie du commerce et constipation sont guéris comme par enchantement. Trente millions de cures en 1815. N° 6231, duc de Pluskow ; n° 32711, comtesse du Cayla, etc., etc...

La boutique à côté :

— Demandez l'eau des trois couleurs, indispensable à la bourgeoisie... Le trésor des petites bourses, la tranquillité des parents, la sécurité des familles!... Notre eau est la seule qui puisse réunir les suffrages de feu Voltaire et en même temps de Monseigneur l'archevêque de Tours!

— Tout pour le peuple et par le peuple!
— Tout pour le peuple et par les capacités!
— Tout pour nous et par les classes privilégiées!
— Ma boutique est au coin du quai...
— Mes magasins sont à Versailles...
— Ces gens-là ne se lavent pas les mains...
— C'est que les autres ont pris tout le savon!

On continuerait ainsi pendant dix ans sans éclaircir le plus petit bout de la situation.

Mais, au fait, il y a bien dix ans que cela dure...

Et, après avoir constaté la futilité du bavardage ou l'injustice de l'impertinence chez les autres, je me sens fort embarrassé quand, à mon tour, il faut donner ma note.

Réfuter des gens qui mentent sciemment, discuter avec des tambours ou prêcher des clairons, à quoi bon? Ils n'entendront jamais qu'eux-mêmes...

Il y a cependant des principes absolus de politique, de morale et de souveraineté.

A chaque raison que nous donnons, on répond

par une exception ; à chaque exemple, par un sourire.

Un vieux réactionnaire, anémique et perclus, m'a répondu hier avec emportement :

— Monsieur ! nous avons LA FORCE !

A ce mot, je lui ai lâché le bras, et, n'étant plus soutenu, il est tombé de tout son long.

Voilà les gens qui ont la force.

De temps à autre, je jette un regard éperdu vers l'Assemblée nationale, et je n'y trouve que la lutte des partis en pleine ébullition.

Comment ! il ne se trouvera donc pas un groupe de braves gens qui, renonçant à des préférences, à des affections qui ruinent le pays, crieront résolûment :

— A l'œuvre ! il ne s'agit plus de telle ou telle forme de gouvernement ; il s'agit du salut du pays... L'espèce humaine, pour marcher en avant, doit être dans un mouvement perpétuel. L'immobilité est incompatible avec sa destination. Les innovations sont dans la nature de l'homme ; la persistance dans ce qui est ancien y est contraire.

Les révolutions politiques sont, à de certaines époques, inévitables et nécessaires. Sans liberté, il n'y a pas de haute civilisation.

Si ce thème ne convient pas aux gens de bonne

volonté, qu'ils en choisissent un autre! Il doit y avoir un terrain commun sur lequel il sera possible d'élever quelque chose.

Les représentants de la France doivent représenter le pays tout entier, et non les opinions ou les entêtements de certaines circonscriptions...

— Sans doute! répondent les sceptiques, mais nous avons en France des royalistes, des napoléoniens, des républicains et peu de patriotes.

Qu'importe! il n'y a pas une vraie cheminée en Italie, et c'est de là que viennent les fumistes.

PETIT GUIDE DU CANDIDAT

Un calcul approximatif porte à douze mille le nombre des citoyens français qui comptent poser leur candidature à la prochaine Assemblée législative, et à vingt-cinq mille le nombre de ceux qui visent au Sénat.

Les Français sont avides de titres et de distinctions. Il est doux de mettre sur sa carte de visite : *ancien député*, ou *ancien sénateur*. M. le comte de C..., homme fort honorable du reste, fait suivre son nom de cette mention singulière : *ancien membre du jury*...

Jeunes Français, à vos pièces !

Avez-vous de hautes prétentions, quelque littérature et une souplesse heureuse de conscience et de principes ? Lisez.

Si, par hasard, l'une des conditions requises vous fait absolument défaut, soyez militaire ; le mécanisme de cette profession est simple. Soyez abbé ; deux ou trois sermons et quelques brochures vous vaudront la crosse et la mitre.

Candidat convaincu, consulte ta force. Essaie, comme l'a dit Horace, « ce que valent tes épaules et ce qu'elles peuvent porter. » Ferme Plutarque et apprends à lire dans le livre du monde vivant.

Qui parle des hommes sans flatterie et des mœurs sans réticence a toujours l'air de les calomnier.

La politique est à la fois un art et une routine. Elle a ses principes mécaniques, mais elle exige des facultés rares, plus rarement unies.

Candidat convaincu, te sens-tu de force à être tour à tour le taureau qui enlevait l'Europe, le cygne qui séduisait Léda, la pluie d'or qui attendrissait Danaé ?

Mêle la vigueur et l'éloquence à la persuasion plus forte encore de ces arguments sonores et irrésistibles.

Et d'abord, où vas-tu? Du côté du manche se trouvent ce qu'on appelle les honneurs et la source des grâces. De l'autre côté, la voix du peuple et le suffrage des masses indiquent au pouvoir distributif les personnages qu'il est utile de prendre au sérieux.

Si l'or et les dignités émanent du gouvernement, comme la rosée fécondante s'échappe des nuages, le peuple, c'est la terre d'où s'exhalent les vapeurs qui alimentent les grands réservoirs du ciel.

Adresse-toi donc avant tout à la confiance populaire. Fais comme les autres, trompe ton monde, plais à sa crédulité, capte ses passions, et attends ton jour.

Je ne fais que résumer les principes, esquisser le code de nos adeptes politiques, j'écris sous leur dictée.

Borgia régnait avant que Machiavel eût fait le *Prince*.

GUIDE DU CANDIDAT

à la Députation.

Ayez soin d'informer d'abord les électeurs

qu'il y a quelque part un monsieur qui songe à eux.

Une note dans deux ou trois journaux ouvrira la marche.

« On nous apprend que M. Coq-Héron a l'intention de poser sa candidature dans notre département. »

Quelques jours après, vous faites dire dans les mêmes gazettes :

« La candidature de M. Coq-Héron semble réunir des chances assez sérieuses. »

Vous prenez la plume et vous risquez un premier exposé de principes. Politique générale, protestations vagues de patriotisme.

C'est un art que vous ferez bien d'étudier dans les discours des ministres. On y promet tout, on n'y précise rien. Chacun espère en les lisant, mais on ne sait pas ce qu'on espère.

Procurez-vous ensuite deux ou trois accompagnateurs et commencez vos tournées électorales.

Les promesses de ponts commencent à être bien usées ; allez jusqu'à l'embranchement de chemin de fer.

Voyez les gens influents de chaque localité. Les Anglais appellent *canevas* cette série de visites par lesquelles le candidat prépare ou croit préparer son triomphe.

Sont recommandées : la familiarité d'un petit coup de poing sur l'épaule, la patience à écouter les plaintes et les récits.

Ce sont là de grandes ressources qui effacent les distances, enorgueillissent l'électeur, et rendent plus faciles les autres séductions qui sont, en quelque sorte, des arrhes.

Un mot à la grand'mère, une caresse à l'enfant ; promesse de donner des bals auxquels viendront beaucoup de jeunes gens décidés à se marier dans l'arrondissement.

L'entreprise est d'autant plus facile qu'elle consiste à tromper des gens qui se doutent qu'on les trompe.

Pendant que vous donnez ainsi de votre personne, vos agents se répandent dans le pays pour y semer la division.

Mille petits sujets de haine subsistent dans les provinces. On se dispute sur les limites d'une lande, sur les réparations d'une église ou d'une école. Faites insinuer à l'électeur que votre compétiteur desservirait ses projets et favoriserait ses adversaires.

Faites savoir au docteur que vos enfants ne sont pas encore vaccinés, et que l'état de votre épouse exige des soins continuels.

S'il y a, dans la ville ou dans le village, un

professeur de musique, persuadez-le que votre rival a horreur du piano.

Et si vous n'avez aucun espoir de vous concilier des électeurs obstinés ou prévenus, essayez du moins de les détacher de votre adversaire.

Le candidat est presque toujours entouré d'une foule de personnages qui lui offrent leurs services et dont le caractère est équivoque. Il serait désastreux de les repousser. Ces gens ressemblent au papier d'emballage, dont on fait peu de cas et dont on ne saurait se passer.

Ils intriguent pour vous, répandent les nouvelles utiles, et souvent n'exigent qu'une poignée de main, un bonjour cordial, la faveur d'une simple invitation à dîner.

C'est pour eux-mêmes qu'ils travaillent.

L'un de ces gens, fort décrié dans sa province, avait si bien servi un candidat dont je tairai le nom, qu'il lui demanda ce qu'il pourrait faire pour lui.

L'autre répondit : — Appelez-moi par mon petit nom.

Le candidat doit prendre bien garde d'abuser de ses ressources pécuniaires.

La même somme, divisée en vingt parties, peut assurer vingt personnes dévouées, tandis que, divisée en mille, elle fera mille ingrats.

Surtout, pas de ruse inutile.

Il faut à l'homme politique des qualités spécieuses, brillantes, apparentes, voilà tout.

Et ne vous plaignez pas de ma franchise. Cette société n'a pas été bâtie par nous. Suis-je l'inventeur de cette machine aux vils ressorts ? Je la raconte et ne la créerais point.

Quand vous ne pourrez séduire, tâchez d'effrayer. Machiavel recommande le moyen. Distinguez, dans les élections, l'homme corruptible de celui qu'il faut intimider. Quant à ceux qui ne cèdent ni aux séductions ni aux menaces, leur petit nombre fera votre salut.

N'attaquez jamais les femmes. Leur vengeance est lente et sûre, persévérante et cruelle. Ménagez aussi les corporations. Vous n'avez qu'un bras, elles en ont cent.

Tombez sans pitié sur les hommes de talent ; ils sont susceptibles, inquiets, fébriles. D'ailleurs, leur supériorité est vue d'un œil jaloux par leurs amis mêmes ; la rabaisser, c'est satisfaire un besoin général.

La nature nous a fait présent d'un organe mince et délicat, dont la puissance est incalculable et l'empire sans bornes.

Cet organe, c'est la langue. Si vous en ignorez l'usage et les ressources, n'aspirez jamais aux honneurs politiques.

Il vous faut d'abord une diction simple et soutenue, qui permette d'énoncer clairement les faits. C'est le genre *modéré*. Pas de métaphores, pas de passion.

Dans les comités préparatoires, interpellez vos auditeurs, nommez les, prenez-les à témoin de la vérité de vos paroles.

Il sera temps plus tard de vous lancer. Faites votre réputation, et, quand elle sera faite, vous pourrez en abuser.

Les mouvements des masses, cet instinct violent et spontané que vous pouvez observer au théâtre, sont pleins de caprices bizarres.

Je me souviens d'un candidat que la nature avait doué d'un extérieur fort laid, d'une figure irrégulière et de rides prématurées.

Depuis une demi-heure, il essayait vainement de se faire entendre.

Enfin quelqu'un s'écria : — Écoutons le vieux singe !

Tout le monde se mit à rire, et notre homme, qui parlait bien, saisit le moment favorable et fut nommé.

BONAPARTE ROUGE

Après avoir travesti la religion, les classes éclairées sont en train de travestir l'histoire. Un certain nombre de journaux, à Paris et en province, sont à la merci des passions financières de quelques personnages qui tirent les ficelles dans la coulisse, tandis que les pantins écrivent et se démènent sur la scène politique. Le courrier de la Bourse commence à la première ligne et ne s'arrête qu'aux annonces.

Parmi les organes de la publicité parisienne, prenons l'un de ceux qui sont le plus au-dessus du soupçon. A propos de l'élection de M. Le Provost de Launay, cet organe modéré déclare, avec beaucoup d'autres feuilles moins désintéressées, qu'il voit dans l'élection du Calvados « le triomphe du *parti conservateur* et la défaite des partis *impatients.* »

Ainsi, le parti à qui l'on doit le 18 Brumaire et le 2 Décembre, est un parti *patient?* On fait bien de le dire, car nous ne nous en serions jamais douté.

Eh bien ! au risque d'encourir l'anathème, je déclare que je ne vois dans l'élection du Calvados, comme dans l'élection de la Nièvre, que le triomphe des idées démocratiques, même sous la forme monarchique.

C'en est fait du suffrage censitaire, c'en est fait de la royauté dite légitime, c'en est fait de la monarchie parlementaire ; ceux-là mêmes qui croient à l'utilité d'un homme coiffé d'une couronne et armé d'un bâton de rideau ; ceux-là mêmes ont placé leur idéal dans une forme de gouvernement révolutionnaire.

Il n'est pas besoin de longues recherches pour prouver que l'on n'est point *conservateur* par cela seul qu'on ajoute un sabre à une démocratie.

Personne n'ignore que Napoléon Ier, ce conservateur ! a failli rétablir le paganisme.

Le 27 fructidor, le *Moniteur* renfermait officiellement un arrêté signé du Premier Consul, dont le quatrième article portait : « que les drapeaux du 1er régiment d'artillerie, qui venait de se rendre coupable d'insurrection, seraient déposées au *Temple de Mars* et couverts d'un crêpe noir. »

On s'est rappelé alors la fameuse proclamation du 24 messidor :

« Peuples de l'Égypte, on dira que je viens pour détruire votre religion ; ne le croyez pas !

Répondez que je respecte, PLUS QUE LES MAMELOUCS, Dieu, son prophète et le Coran... N'est-ce pas nous qui avons détruit le pape, qui disait qu'il fallait faire la guerre aux musulmans ? »

L'église Saint-Sulpice s'appelait alors le *Temple de la Victoire.*

« Bonaparte, disait le *Journal de Paris* (30 septembre 1801), s'est relâché, vis-à-vis des négociateurs de Rome, *sur le mariage des prêtres* et sur les élections aux cures par le peuple, auxquelles cependant il tenait beaucoup *par la manie qu'il a d'invoquer toujours la souveraineté du peuple.* »

Et le 31 octobre de la même année :

« Bonaparte s'est expliqué lui-même dans le conseil d'État de manière à prouver et à persuader que ce n'était que *par politique* qu'il songeait au rétablissement du culte.

« Ne comptez pour rien, leur a-t-il dit ironiquement, un clergé qui priera tous les jours Dieu pour la République, et des évêques qui seront obligés par serment de révéler tous les complots qui pourraient être formés contre elle. »

C'est assez clair.

Les quolibets et les épigrammes pleuvaient sur le Consul, au sujet de ce concordat. Un quatrain circulait, disant :

Politique plus fin que général habile,
Bien plus ambitieux que Louis, dit le Grand,
Pour être roi d'Égypte, il crut à l'Alcoran,
Pour être roi de France, il croit à l'Évangile.

Les bonnes femmes disaient alors que le pape *finirait par se faire excommunier*.

Quelle différence entre cette religion de politique, cette croyance décrétée et la foi ardente des conventionnels !

Quand la capacité électorale fut évaluée à huit écus de six livres, c'est-à-dire à un marc d'argent, Camille Desmoulins prit la parole: « Pour faire sentir toute l'absurdité de ce décret, il suffit de dire que J.-J. Rousseau, Corneille, Mably, n'auraient pas été éligibles... Jésus-Christ même que vous proclamez Dieu dans les chaires et dans la tribune, vous venez de le reléguer parmi la canaille ! »

Lorsque l'athéisme, déchaîné par les désordres d'une violente commotion sociale, leva sa tête hideuse, Robespierre l'écrasa.

Il réclama sévèrement la liberté des cultes. « Celui qui veut empêcher de dire la messe, s'écria-t-il, est plus fanatique que celui qui la dit. »

Et Hébert, accablé, balbutiait des excuses.

On tente vainement de nous épouvanter par la menace d'éventualités fort douteuses. La France n'a pas besoin d'un sauveur. Elle a été souvent plus près de sa perte qu'en 1871... Son histoire peut tenir en quelques lignes.

Il n'est pas besoin de rappeler que, lorsqu'elle s'établit dans les Gaules, la nation française était *libre* et *souveraine;* que son gouvernement était *démocratique* ou *républicain ;* qu'elle *élisait* son roi qui n'était qu'un général.

Ce ne fut qu'à force d'intrigues, de guerres civiles, de crimes et de massacres que les rois, abusant de l'ignorance universelle, osèrent prétendre qu'ils tenaient leur puissance de Dieu. Quant à la preuve, ils ne la fournissaient pas — et pour cause. Cette prétendue légitimité de *droit divin* n'était qu'un outrage à la raison humaine.

Où nous avait-elle conduits quand éclata la Révolution?

Louis XVI écrivait au roi de Prusse :

3 décembre 1790.

« Je viens de m'adresser directement à l'impératrice de Russie, aux rois d'Espagne et de Suède, et je leur présente l'idée d'un congrès des principales puissances de l'Europe, appuyé *d'une force armée*, comme la meilleure mesure pour arrêter ici les factieux, et empêcher que le mal qui nous travaille ne puisse gagner les autres États de l'Europe. J'espère que Votre Majesté me gardera le secret le plus absolu sur la démarche que je fais auprès d'elle... »

Or, voici un extrait du traité conclu et signé à Pavie, en juillet 1791 :

« L'empereur reprendra tout ce que Louis XIV avait conquis sur les Pays-Bas autrichiens......

L'archiduchesse Marie Christine sera, avec son neveu l'archiduc Charles, mise en possession héréditaire *du duché de Lorraine*....

L'Alsace sera restituée à l'Empire.

Si les cantons suisses accèdent à la coalition, on leur proposera d'annexer à la ligne helvétique l'évêché de Porentruy, les gorges de la Franche-Comté et celles du Tyrol.

Si le roi de Sardaigne souscrit à la coalition, on rendra à la Savoie la Bresse, le Bugey et le pays de Gex. Au cas qu'il puisse opérer une assez grande diversion, on lui laissera prendre le *Dauphiné*.

Le roi d'Espagne aura le Roussillon, le Béarn et l'île de Corse, etc., etc. »

La coalition s'avance...

« Les émigrés, dit M. de Montgaillard (t. III)

pillent, incendient, égorgent des habitants désarmés. »

Boissy-d'Anglas :

« Les lâches et féroces émigrés, qui osent violer notre territoire, viennent aiguiser jusque sous nos yeux les poignards dont ils veulent nous frapper. Ceux-là sont nos ennemis *irréconciliables*; rien ne pourra les convertir. »

De Pontécoulant :

« Les émigrés doivent être punis de mort, parce qu'ils ont porté les armes contre leur patrie. Leurs biens doivent être confisqués, car il est juste que la patrie saisisse dans leurs biens tous les moyens que vous pouvez y trouver de repousser leurs attaques, de soutenir cette lutte sanglante qu'ils ont *provoquée...* » (*Moniteur.* — Séance du 9 floréal).

Avec la constitution de l'an III, le gouvernement républicain commence à fonctionner. L'ordre et la confiance renaissent. Carnot réorganise l'armée. Bientôt la Belgique, reconnue partie de la France, la Hollande, la Suisse et l'Italie transformées en républiques batave, helvétique, cisalpine, ligurienne, romaine et parthénopienne, défendront la République française.

Elle est enfin reconnue par toutes les puissances.

Cette invasion et cette restauration que les jacobins avaient su prévoir et prévenir, est enfin consommée en 1814.

La restauration des Bourbons est décidée.

Cependant la *souveraineté nationale* est tellement enracinée dans les esprits que le Sénat, tout lâche et servile qu'il est, ne rappelle l'ancienne dynastie que sous la condition qu'elle acceptera et jurera la constitution.

Voici la *halte dans la boue*...

Le prince allemand de Hohenlohe est nommé pair et maréchal de France. Wellington lui-même figure parmi les maréchaux de Louis XVIII, qui le décore du collier de l'ordre du Saint-Esprit...

Après le triomphe passager des denrées coloniales et de Joseph Prudhomme, la France proclame de nouveau la République.

Louis-Napoléon, auteur de l'*Extinction du paupérisme*, et de plusieurs ouvrages socialistes, se présente à la députation, est nommé président, règne et disparaît dans une tourmente...

Je n'irai point rechercher dans le *Progrès du Pas-de-Calais*, dont il fut longtemps le collaborateur, les articles démagogiques du jeune prétendant, et je n'ai besoin de citer de lui que quelques pensées :

« Napoléon, dit-il en parlant de son oncle, était l'*executeur testamentaire de la Révolution.* »

Plus loin :

« La liberté suivra la même marche que la religion chrétienne... »

En 1848, aux électeurs de quatre départements :

« Enfant de Paris, aujourd'hui représentant du peuple, je joindrai mes efforts à ceux de mes collègues pour consolider les institutions démocratiques...

« Rallions-nous *sous le drapeau de la République !...* »

Le 26 septembre :

« Que la République reçoive mon serment de reconnaissance, mon serment de dévouement ! Je travaillerai au développement des institutions démocratiques que le peuple à le droit de réclamer.

« LOUIS-NAPOLÉON BONAPARTE. »

Il est donc constaté qu'il n'y a pas de républicains plus avancés que les Bonaparte, *quand ils ne sont pas sur le trône.* Or, il n'y a pas de Bonaparte sur le trône. Par conséquent, les Bonaparte sont, en ce moment, démocrates et socialistes.

Un député nommé sous leurs auspices ne peut avoir une autre opinion que celle de ses chefs reconnus et déclarés. Ainsi, la nomination de M. Launay signifie : Suffrage universel, république, démocratie, temple de Mars, extinction du paupérisme, progrès du Pas-de-Calais.

J'espère donc que M. Le Provost de Launay sera le digne successeur de Sieyès, de Treilhard et des fidèles collaborateurs du Premier consul.

Pour expliquer les calomnies dont il est l'objet de la part d'une certaine presse, il faudrait qu'on eût retourné les Bonaparte ou qu'on eût changé les conservateurs.

OU L'AIEUL A PASSÉ....

La scène représente la station de Lampourgis. — Double voie au milieu. — Tunnel dans le fond. — A droite, la maison du chef de gare ; la salle d'attente est en bas. — A gauche, une guérite, à côté de laquelle est planté le poteau télégraphique ; les fils vont se perdre sous le tunnel. — Dans les intervalles, arbustes et rosiers.

LE CHEF DE GARE, DEUX OU TROIS VOYAGEURS, M. DUHAMEL.

LE CHEF DE GARE. — Bonjour, monsieur Duhamel, est-ce que vous partez ?

Duhamel. — A Dieu ne plaise! J'attends mon fils qui arrive de Paris et qui vient passer avec nous les vacances de Pâques.

Le chef de gare. — Vous allez savoir du nouveau.

Duhamel. — J'en ai peur. Rien ne m'épouvante comme le nouveau.

Le chef de gare. — Alors pourquoi avez-vous peur de la République? Cela n'est pas nouveau; il y a longtemps que les Grecs et les Romains ont établi cette sorte de gouvernement, et ils ne s'en trouvaient pas mal.

Duhamel. — Pas mal? voyez ce qu'ils sont devenus!...

Le chef de gare. — Voici le train. (*Il fait un signe; l'employé donne quelques coups de cloche. Le train arrive et s'arrête.*)

L'employé. — Lampourgis! Lampourgis!

(*Le fils Duhamel descend d'un wagon.*)

Duhamel. — Étienne! mon cher enfant!

Étienne. — Bonjour, père. (*Ils s'embrassent.*)

Le chef de gare. — Si vous voulez attendre quelques instants, on va porter vos bagages dans le cabriolet.

Duhamel. — Merci.

(*Ils entrent dans la salle et s'assoient.*)

Duhamel. — Donne-moi vite des nouvelles. Que fait-on à Paris?

ÉTIENNE. — On fait des affaires.

DUHAMEL. — Vraiment?

ÉTIENNE. — Le jour on va au bois, aux courses ; le soir au théâtre, aux cafés-concerts.

DUHAMEL. — Et il y a du monde !

ÉTIENNE. — Tout est plein.

DUHAMEL. — Cette indifférence est incroyable.

ÉTIENNE. — Mais on n'est pas indifférent. Chacun rêve au rétablissement du pays, à sa prospérité. La France se relève tout doucement...

DUHAMEL, *stupéfait*. — Que me dis-tu là?

ÉTIENNE. — La vérité.

DUHAMEL, *se levant*. — On m'a changé mon fils! (*Avec indignation* :) Tu consentirais à vivre en République? Tu es rouge comme le chef de gare?

ÉTIENNE. — Mon cher père, non-seulement je consens à vivre en République, mais il me semble impossible de vivre autrement.

DUHAMEL. — C'est toi que j'entends?

ÉTIENNE. — Qu'êtes-vous donc maintenant?

DUHAMEL. — Je n'ai pas changé. Légitimiste sous Charles X, orléaniste sous Louis-Philippe, bonapartiste sous Napoléon III, je n'ai jamais cessé d'être un homme d'ordre.

ÉTIENNE. — Mais vous l'avez, l'ordre !

DUHAMEL. — Tu appelles çà l'ordre? M. de la

Motteglaise s'est présenté à Lampourgis, et c'est Bréteau-Delmas qui a passé !

ÉTIENNE. — M. de la Motteglaise est un vieux ramolli, et Bréteau-Delmas est jeune et intelligent.

DUHAMEL. — C'est avec des mots comme ceux-là qu'on perd la France !

ÉTIENNE. — Non, c'est avec des hommes nouveaux qu'on la retrouvera. Écoutez, mon cher père, je suis venu ici pour me reposer et non pour me livrer avec vous à des discussions irritantes. Il y a eu jusqu'à présent un système, une sorte de convention sociale arrangée pour l'agrément de quelques-uns. Quand les autres se plaignaient, on disait que l'ordre était troublé ; eh bien ! c'est un *modus vivendi* qui a fait son temps. On a cherché et trouvé des dispositions plus équitables ; le programme est fait et il n'y a plus qu'à le réaliser tout doucement. Ce n'est pas en faisant sauter le damier en l'air qu'on gagne la partie, c'est en poussant, tout doucement et d'une façon logique, les pions l'un après l'autre. Tenez, pendant la route, je lisais les journaux. J'ai pris à la gare tous ceux qui se sont présentés ; il y en a là de toutes les opinions.

Dans un journal des plus réactionnaires, je trouve le récit d'une visite au cimetière d'Ulm.

« Je me trouvais, dit l'auteur, devant le monument des soldats français. Il est élevé dans la partie du cimetière qui a été donnée à nos compatriotes morts en captivité.

« L'Allemand, qui a le respect des morts, leur a fait la charité d'une tombe. Ils sont là, les uns près des autres, couchés sous de petits monticules que surmontent des croix de bois noir. Sur ces croix des noms sont inscrits, des mains pieuses ont même déposé des couronnes de feuillage au pied de ces humbles mausolées.

« Au milieu du premier rang des tombes s'élève le monument ; il est formé de deux marches, d'un socle en pierre surmonté d'une grande croix en fonte dont les extrémités arrondies sont dorées. La hauteur du monument est de cinq mètres. Il est entouré d'une grille en fer.

« Sur l'une des faces on a gravé en caractères également dorés : *A la mémoire des prisonniers français décédés à Ulm*, 1870, 1871. *R. I. P.*

« On lit sur l'autre face : *Et nunc meliorem patriam appetunt* (Hébr. XI.) *Ils aspirent maintenant à une patrie meilleure.* »

DUHAMEL. — Où veux-tu en venir ?

ÉTIENNE. — A vous dire que, quoique vivants, nous aspirons aussi à une patrie meilleure. Mais laissez-moi achever... L'auteur continue :

« Je m'enfonçai dans cette forêt de croix,

foulant sous mes pieds la neige épaisse. Je m'arrêtais souvent pour considérer la tombe d'un inconnu. La neige était tellement accumulée que les couronnes déposées aux branches de chaque croix formaient des masses informes.

« J'éprouvais une douloureuse sensation. Le vent qui soufflait faisait tomber des arbrisseaux quelques flocons de cette neige, et le bruit produit par sa chute ressemblait à des pas mystérieux. Je voyais de tous côtés les branches des arbustes s'agiter violemment, et je m'imaginais que ces soldats morts m'appelaient, me reconnaissant pour un ancien compagnon. . . .

« Était-ce le froid, ou bien lassitude morale ou bien encore la fiévreuse illusion du malade? Mais je sentais la raison m'abandonner. Je croyais distinguer des lambeaux d'uniformes, des drapeaux déchirés.

« Pour m'arracher à ce cruel délire, je m'appliquai à lire les noms écrits sur les petites croix.

« Je vis deux noms d'enfants de dix-huit et dix-neuf ans, pauvres enfants qui s'étaient arrachés des bras maternels depuis si peu de jours ! »

DUHAMEL, *essuyant une larme.* — Eh bien ! après ?

ÉTIENNE. — Après, mon père ? Voici ce que je trouve, après !

« La fille de l'ambassadeur de France à Berlin, mademoiselle de Gontaut-Biron, épouse un Français naturalisé Prussien. »

DUHAMEL. — C'est dur.

ÉTIENNE. — Oui, mon père, c'est dur. Passons à autre chose.

Voici un journal de Marseille : *Conférences du père Didon*... je lis :

« Le jeune et sympathique dominicain traitait, jeudi dernier, du fait actuel du catholicisme. — Jamais, s'est-il écrié, nous n'avons fléchi ni devant les rois ni devant les peuples. Lorsque des rois tout-puissants ont voulu le divorce, nous leur avons dit : Arrière ! Quand tout un pays devrait échapper à la *domination catholique*, quand l'Angleterre devrait s'isoler du catholicisme, eh bien ! nous crierions encore à Henri VIII : Tu fais mal ! »

DUHAMEL. — Voilà qui est parler de haut...

ÉTIENNE. — Et de loin ! Nous ne sommes plus au moyen âge, et on tenterait vainement de nous faire brûler des sorciers. Ce sont les gens qui croyaient aux sorciers qui parlent de raison et de lumière !... Remarquez, je vous prie, ce mot échappé au père Didon : *la domination* catholique. Il l'a bien dit : la *domination*. Dans sa résistance aux rois de la terre, l'Église a toujours agi suivant ses intérêts, et elle ne s'attendait pas à la décision de Henri VIII. Le clergé a vu et doucement toléré les amours adultères de Louis XIV, le divorce de Henri IV, de Napoléon, du duc de Berry... Celui-ci s'était marié en Angleterre. Si l'Église n'admet pas et ne reconnaît pas le divorce, le comte de Chambord n'est plus légitime. Il est enfant adultérin, incapable d'hériter; on ne lui doit que les aliments.

DUHAMEL. — Ah ! le pauvre garçon !

ÉTIENNE. — Cette rage de domination, de despotisme, particulière à l'Église romaine, augmente chaque jour le nombre des libres penseurs. Si Dieu est descendu sur la terre, il y a longtemps qu'il est remonté au ciel ; et, à entendre certains prédicateurs, il serait toujours là, épiant nos actes, scrutant nos pensées, se fâchant quand nous faisons gras le vendredi — à moins que nous n'ayons payé une petite dispense dans les prix doux.

L'homme éprouve le besoin de croire comme il éprouve le besoin d'aimer. On lui gâte ses deux joies les plus pures. Le Christ a fondé une religion de délivrance et de liberté ; ce n'est que par un abus inqualifiable que cette religion a été détournée de son but et qu'elle est devenue une législation compliquée de péchés véniels et mortels, qu'on peut toujours racheter, du reste, et compliquée de morue ou de côtelette, de beurre ou d'huile, à faire éclater de rire tous ceux qui se préoccupent moins de leurs fourneaux que de leur conscience et qui pensent que les uns n'ont rien à voir avec l'autre.

Un fait m'a frappé récemment. Les Japonais, avides de civilisation, envoient de tous côtés des *commissions* de voyageurs qui étudient les machines, les usines, toutes les inventions de la science. Ils ont établi chez eux des chemins de fer, le télégraphe électrique ; la vapeur y fonctionne de tous côtés.

Voulant que le progrès moral marche en même temps que le progrès matériel, le mikado a chargé une commission d'examiner toutes les religions connues, afin de choisir la meilleure.

La commission a commencé par la religion catholique et l'a aussitôt repoussée, « *parce qu'il y a trop de miracles.* »

Et on en ajoute !

DUHAMEL. — J'espère que tu ne parleras pas ainsi devant M. de la Motteglaise ?

ÉTIENNE. — Je vais me gêner !

DUHAMEL. — Tu veux donc troubler cette région si calme ?

ÉTIENNE. — Comme le plumeau trouble la poussière... si calme aussi !

LE CHEF DE GARE, *survenant.* — Les bagages sont chargés.

ÉTIENNE. — Allons, père, en cabriolet !

DUHAMEL, *soupirant.* — Il m'est pénible de voyager avec un radical.

ÉTIENNE, *riant.* — Je voyage bien avec un réactionnaire !

(*Ils sortent.*)

LE CHEF DE GARE, *seul.* — On ne dira plus : Tels pères, tels fils. Merci, mon Dieu !

L'AGE MÉCANIQUE

Quel nom donner à notre époque ? Ce n'est point un âge héroïque, religieux, philosophique ou moral, mais un âge mécanique, et c'est là ce qui le distingue entre tous les autres ; c'est l'âge des machines dans toutes les acceptions de ce mot.

Rien ne se fait plus directement et à la main, mais par des lois, règlements et combinaisons savantes.

La navette, enlevée aux mains du tisserand, est saisie par mille doigts de fer. La voile est pliée, les rames déposées, et les chevaux-vapeur transportent les marins et les voyageurs d'un bout du monde à l'autre.

Le sifflet remplace le hennissement ; les rails

s'élèvent au-dessus de l'antique ornière, et nous n'en sommes guère plus heureux pour cela.

C'est comme à Madrid, où l'on voit un pont magnifique au-dessus d'une rivière à sec, ce qui a fait dire à un passant qu'on ferait bien de vendre le pont pour acheter de l'eau.

Quels sont les changements que doit apporter la force nouvelle dans le système social ? Que doit-il résulter de cette action continue, qui, en accroissant la masse des richesses, tend à les accumuler de plus en plus dans les mêmes mains ?

Le génie de la mécanique a fait sentir son influence jusque dans les choses qui paraissaient lui être le plus étrangères. Ce ne sont pas seulement les choses extérieures et matérielles qu'il a soumises à son action, mais les choses intérieures et intellectuelles.

Rien ne suit sa marche naturelle et spontanée ; tout s'exécute par des appareils compliqués et préétablis.

L'enseignement n'est plus une étude assidue des aptitudes spéciales, une modification continuelle et raisonnée des procédés ; mais une étude banale, uniforme, applicable à toutes les intelligences, qui s'exécute à la grosse par un mécanisme qui lui est approprié.

Nous avons des machines religieuses de toute sorte avec comités et prospectus.

Les beaux-arts, la littérature elle-même empruntent le secours des machines. Les géomètres et les photographes viennent en aide aux peintres artistes. Nos musiciens ont un vaste approvisionnement de combinaisons harmoniques, des machines en cuivre de toutes les formes et de toutes les dimensions pour exprimer la violence des passions, et des instruments de bois poli pour les sentiments doux et affectueux.

Lorsque nous supposons que la religion perd de son influence, nous votons des prières. L'initiative privée fonde une *Société du purgatoire* à un sou par semaine, ce qui est un prix doux pour se tirer d'un mauvais pas.

Et si je pouvais aller jusqu'au bout et démonter la machine judiciaire avec ses rouages-huissiers, ses moteurs-avoués et ses ressorts-avocats, que de choses navrantes et comiques à la fois j'aurais à dénoncer à la foule !

La presse périodique est aussi devenue une forte machine. Que sont les prédications que vont entendre quelques fidèles convaincus à l'avance, à côté des prédications quotidiennes, hebdomadaires, mensuelles, des éditeurs de journaux, dans lesquelles ils conseillent la paix ou la guerre, donnent des éloges, infligent des censures, abattent ou soutiennent avec une autorité et un empire dont on ne trouverait l'équivalent que chez les papes du moyen âge ou chez les premiers réformateurs?

Ce n'est pas seulement notre main qui est devenue mécanique, mais notre cœur et notre tête.

Vous verrez qu'un de ces jours, il faudra vendre le pont pour acheter de l'eau...

Voulez-vous connaître le véritable esprit de notre temps? Écoutez ces cris qui se font entendre dans l'Europe entière, ces cris auxquels il faudra céder tôt ou tard : « Réformez les gouvernements; reconstruisez le système de notre législation sur un plan plus rationnel; opposez des barrières à tous les empiétements. »

Le principe est presque universellement admis : ce n'est que lorsqu'il est question de l'appliquer que les débats s'engagent et que les querelles commencent.

Toute l'attention est absorbée par le corps politique; quant à l'âme politique, personne n'y pense. L'amour de la patrie, ce mot sacré chez les anciens, a perdu sa haute et généreuse acception.

Un bon gouvernement n'est qu'un habile compromis entre les intérêts divers, une balance exacte de profits et pertes. Ce n'est qu'une machine ; pour les uns, une machine à taxes ; pour les autres, une machine établie pour la protection de la propriété. Ses devoirs comme ses fautes ne sont plus ceux d'un père, mais l'office d'un agent comptable.

De là, une nouvelle industrie : la *codification*, ou l'art de faire abstractivement des codes. Chaque peuple aura un code *garanti*, un code de la *Belle Jardinière*, sans qu'on lui ait même pris mesure.

Certaines gens imaginent que les esprits sont entre eux dans les mêmes rapports que les corps, et croient d'après cela que dix esprits médiocres sont plus forts qu'un esprit supérieur ; quand, au contraire, tout homme que la nature a doué d'une plus haute intelligence, et qui est dépositaire de quelque vérité inconnue, est plus puissant que tous ceux qui ignorent cette vérité.

Nos mœurs, dit-on, sont devenues plus douces ; mais il y a toujours un intérêt caché au fond des sacrifices apparents. Le genre de moralité que possède la société actuelle trouve sa récompense dans ce que nous appelons l'honneur. On traiterait de fou celui qui saurait mourir pour sa conscience ; mais on doit mourir pour sa réputation. Si la liberté civile est à peu près garantie, la liberté morale se perd de plus en plus. Nous sommes pris, pieds et poings liés, dans la machine. Les âmes fières et généreuses se retirent de la scène et la laissent aux âmes plus flexibles.

L'économie politique est restée une science spéculative ; elle ne préside pas à la rédaction de nos lois.

On ne s'aventure guère à parler de physique ou de chimie sans en savoir quelque chose ; mais l'économie politique n'a pas de vocabulaire à part, et tout le monde se croit le droit d'en discourir. Cette science qui traite de la richesse des nations, des causes qui la développent, de celles qui la détruisent, détournée de son but par quelques ignorants, est, un instant, devenue un péril pour la société...

Cependant, à travers tous les malheurs et toutes les péripéties de notre histoire, il est incontestable que la grandeur et la prospérité de l'espèce humaine considérée en masse ont fait des progrès continuels.

Notre siècle poursuit ce mouvement progressif. Cet activité inquiète, ce mécontentement de lui-même et de sa situation, sont des indices d'une prospérité future.

Après tout, nos maladies ne sont que des maladies d'opinion; nous sommes garrottés par des liens que nous avons forgés nous-mêmes.

Que de grands changements se préparent, c'est ce dont personne ne peut douter. Notre siècle est en travail; il éprouve toutes les douleurs d'un enfantement laborieux, mais l'heure la plus sombre est la plus rapprochée de l'aurore.

Partout où la voix publique se fait entendre, c'est toujours le même sentiment qu'elle exprime.

Toute la fabrique de la société est travaillée par une lutte sourde, une collision entre l'ancien et le nouveau.

La Révolution française, comme il est maintenant facile de le voir, n'a pas été le principe de ce grand mouvement; elle en a été le résultat.

La France fut seulement le lieu de l'explosion.

Cette lutte s'engage successivement chez toutes les nations.

La liberté politique a été jusqu'à présent l'objet direct de ses efforts; mais ce n'est là qu'une première étape. L'homme tend vers une liberté d'un ordre bien plus élevé, dont ses nouvelles institutions, ses acquisitions récentes les plus précieuses, ne sont que l'emblème plus ou moins éloigné.

L'astronomie nous apprend que la Terre se rapproche de plus en plus de la *constellation d'Hercule*, la constellation de la force physique; telle est aussi la direction actuelle de nos esprits; mais, quelque direction que prenne notre pauvre monde de passionnés et de souffrants, c'est toujours dans la profondeur des cieux qu'il se meut.

LA POULE AU POT

On ne peut contester les tendances pacifiques des sociétés modernes; et cependant, chaque nation de l'Europe veille à ses armements, afin de n'être pas surprise à un moment donné, prévu et redouté.

Il y a un instinct général qui dit aux gouvernements que la carte géographique n'est que provisoire.

Si la sagesse des grandes puissances n'y porte remède, il est à craindre que le besoin d'un tassement nouveau sur des bases logiques n'amène encore une fois un bouleversement dans lequel une nouvelle Pologne au moins restera sur le carreau.

Quel serait alors le sort du Danemark, de la Hollande et de la Belgique? Quel serait même le sort de la France?

La Prusse, en gardant Metz et Strasbourg, peut retarder d'un siècle l'ère de la paix sociale.

Les esprits les mieux disposés regardent comme inévitable un conflit entre la Russie et l'Allemagne. Dans dix ans, dans vingt ans, peut-être, les deux colosses seront obligés de se mesurer. A ce moment, il faudrait bien payer notre neutralité par la restitution de nos deux provinces.

Tout est possible; mais c'est là une politique bien chimérique.

La postérité aura-t-elle à nous reprocher aussi l'aveuglement routinier qui entrava si longtemps la marche du progrès? N'aurons-nous jamais que la ciguë pour Socrate, la croix pour le Christ, la prison pour Bacon et pour Galilée?

Le moment n'est-il pas venu bientôt de briser ce lit de Procuste où nous voulons tout mesurer, les hommes et les choses?

La comparaison est bien vieille, et cependant il faut toujours y revenir :

Quand une machine est ancienne, détraquée, usée ; quand elle fonctionne mal, il ne suffit pas de refaire çà et là une vis, une roue, ou de changer un pivot. Ces réparations partielles ne remédient pas à l'imperfection générale ; la machine est, comme auparavant, une mauvaise machine. Un rien la dérange et l'arrête.

Si les gouvernements dirigeaient les travaux pacifiques comme ils dirigent les mouvements de leurs armées, les affaires générales s'en trouveraient mieux, et l'industrie privée n'y perdrait rien.

On ne verrait plus des savants distingués luttant contre le besoin, ou perdant dans de minimes travaux un temps qu'ils auraient pu consacrer à d'utiles recherches. On ne verrait plus de ces crises qui mettent si souvent en question la fortune des chefs d'industrie et l'existence des ouvriers.

On aurait tort de croire que, dans ces conditions, l'ordre dépend de la force. Les armées, quoi qu'on puisse dire, suivent le mouvement général des nations auxquelles elles appartiennent. Comme les sociétés civiles, elles obéissent aux tendances qui entraînent l'espèce humaine.

Si, par leur discipline sévère, par leur hiérarchie fortement constituée, elles forment des fractions isolées, ce n'est que matériellement. Malgré les prétentions de quelques gouvernements, les armées s'imprègnent des idées qui agitent le monde. La discipline les recouvre d'une teinte vague et uniforme, mais la discipline est pour l'armée ce que l'absence des couleurs est pour la photographie. On n'y retrouve pas moins la représentation fidèle de la nation d'où elle est issue.

L'armée russe reflète toutes les qualités et tous les défauts de la famille slave. La tête de l'armée, comme la tête de la nation, est de niveau avec le point de civilisation le plus élevé ; mais en descendant d'échelon en échelon, nous arrivons aux mœurs les plus grossières et les plus barbares.

L'armée autrichienne, instrument docile d'un gouvernement peu progressif, est calme et silencieuse. Le joug est assez léger ; elle s'y plie facilement.

L'armée prussienne est tout à fait nationale ; riches et pauvres sont appelés sous les drapeaux. En sortant du service, tous trouvent des cadres organisés.

L'armée anglaise, comme celle de Carthage, n'est guère composée que de mercenaires, d'hommes achetés et racolés. Le soldat est comme étranger au reste de la nation. Une distance infranchissable le sépare des officiers. L'armée anglaise est belle comme peut l'être celle d'un peuple riche. Les soldats sont bien nourris, bien vêtus; ils se battent comme des gens robustes et repus.

L'aristocratie anglaise a voulu un instrument solide; elle lui a donné un jeu de muscles parfait; elle l'a fabriqué avec soin et elle l'alimente de manière à en tirer le meilleur parti possible.

L'armée française, formée en grande partie de ce qu'il y a de plus sain et de plus pur dans la nation, est supérieure sous bien des rapports aux autres armées de l'Europe.

Toutes possèdent plus ou moins le courage, le mépris de la mort, l'abnégation; toutes se battent bien quand elles sont bien commandées; mais l'armée française a seule le dévouement raisonné, l'élan personnel et cet héroïsme qui va souvent jusqu'au sublime.

Les armées étrangères sont braves docilement; l'armée française, le jour du combat, est radieuse; c'est une réunion d'intelligences qui savent dessiner leur individualité au milieu de l'action générale.

Plus impressionnable que les autres, l'armée

française a aussi mieux obéi aux tendances de la nation dont elle tient le drapeau. On y retrouve les qualités et les défauts de la société civile, mais les vices y sont plus rares.

La société civile, vivant par petits groupes, se laisse aller plus facilement à ses mauvais penchants. La vie murée est funeste.

Le mépris public, restreint à un petit cercle, n'est qu'une tache passagère que le temps ou la richesse effacent promptement.

L'armée vit au grand jour; l'honneur, la loyauté y sont obligatoires. La vie publique n'est une gêne que pour les êtres vicieux; elle sauve du désordre, du déshonneur les hommes faibles qui, seuls, n'auraient pas la force de résister à certains entraînements.

Aussi l'armée a longtemps repoussé les émanations d'égoïsme et de cupidité qui s'échappaient de la nation; mais elle a vu tant d'ambitions dans la bourgeoisie, tant d'avidité dans la curée des emplois, qu'elle a cédé un instant aux influences qui l'entouraient. L'esprit militaire s'est refroidi, et, ce jour-là, l'armée française a été vaincue.

Quand les Pères de l'Église voulurent amener à eux la société païenne, ils ne se contentèrent pas d'élever çà et là un autel et une chapelle. Ils s'emparèrent de l'enfance; ils appelèrent les hommes et les femmes ; ils se saisirent du droit de lier et de délier. Ils recevaient l'enfant au seuil de la vie, et ne le quittaient qu'au bord de la tombe. Et, malgré ce pouvoir immense qu'ils s'étaient attribué, ils n'obtinrent qu'un demi-succès. C'est que le levier matériel leur fit défaut.

Il y a plus de deux cents ans que Henri IV a promis au peuple la poule au pot. Ses successeurs ont oublié cette sainte promesse. La poule au pot fuit toujours devant nous.

Les peuples sont en scène, non plus comme de simples comparses, mais comme des acteurs qui connaissent leur rôle.

En France, la production des céréales ne donne pas, dans les années moyennes, de quoi suffire à la consommation.

L'Angleterre, dont les produits manufacturés fournissent la plus grande partie de notre monde, ne donne, dans les années ordinaires, que pour 325 jours de céréales à ses habitants.

L'Allemagne, sans la récolte de la pomme de terre et des légumes, ne pourrait alimenter sa population.

L'Italie, la Sicile, ces belles et fertiles contrées, ne nourrissent pas la moitié des habitants qu'elles devraient porter.

Il en est des autres denrées comme des céréales; presque partout elles se montrent insuffisantes aux besoins des peuples, ou, par leurs prix élevés, hors de la portée du plus grand nombre.

Voilà la question, messieurs les députés, toute la question ; et votre politique a malheureusement soin de l'éviter.

La société est à une époque climatérique; elle souffre, il faut la guérir.

Les légitimistes regardent avant tout le sommet que la foudre à frappé et noirci; ils veulent lui rendre son antique éclat et redorer le trône des Invalides.

Les constitutionnels, établis sur les moyennes assises, cherchent des garanties contre ceux d'en haut et contre ceux d'en bas. Les hommes dont les sympathies appartiennent à la foule s'émeuvent surtout des souffrances de la masse, et cherchent un état réel d'organisation.

La société a soif de moralité, d'instruction et de bien-être.

Sans les désastres de 1871, nous approchions du but. Le germe perçait le fumier. Les souverains seront bien obligés de tenir compte des tendances pacifiques des nations de l'Europe.

Émeutes et révolutions, ce n'est pas la recherche de l'inconnu ; c'est une conquête autrement précieuse que celle de Jason, c'est la conquête de la poule au pot.

LA CANAILLE DIRIGEANTE

Si l'avenir est aux plus sages, la République est fondée. Les impudents qui s'étaient enfuis, tremblants, éperdus, au moment du péril, sont rentrés dès qu'ils ont cru leurs échines à l'abri de la botte et du bâton.

Bétail humain, ils ont repris leur place à la mangeoire. L'ordre est rétabli puisqu'ils émargent. La conciliation, pour eux, consiste à toucher des appointements. Si on leur paie exactement leurs gages, s'ils ont un espoir d'avancement, si on leur fait seulement espérer qu'ils pourront bientôt rouler, en forme de macaron, quelque ruban encore à l'état primitif, le contentement renaît dans leurs âmes serviles.

Voyons, messieurs les ministres, un peu d'avancement, s'il vous plaît ! Soyez consciencieux avec ces consciences ; tout cela est à vendre;

achetez, c'est pour rien. Baroche et Rouher les ont payés, mais ces messieurs n'ont pas de compte à rendre aux ministres déchus ; ils ont toujours fait leurs réserves. Faut-il traquer les journalistes ? s'acharner contre les nouvelles poules des ennemis du nouveau gouvernement ? Parlez et vous serez servis !

La démocratie a tout vu et n'oubliera rien. Elle a reconnu les masques. Aux provocations, aux injures, elle répond par un dédaigneux silence.

Les *Français* qui habitaient Londres et Bruxelles en 1871, osent menacer aujourd'hui les amis de la liberté ; ces *Français-là* ont de l'aplomb, mais nous savons ce qu'ils pèsent. A leurs fanfaronnades nous opposons un haussement d'épaules, et, quand le moment sera venu, nous savons qu'ils disparaîtront par toutes les issues et par toutes les gares.

Nous attendons, les bras croisés, calmes dans notre force, impassibles dans nos espérances.

Le jour viendra où les gens blindés de dignités, où les premiers rôles d'antichambres se jetteront à genoux pour demander un pardon que nous leur accordons d'avance.

Pourvu que l'autorité tombe de leurs mains

indignes, pourvu qu'ils soient mis dans l'impossibilité de faire le mal, c'est tout ce qu'il nous faut.

« Le genre humain, a dit Pascal, est un homme qui ne meurt jamais, et qui se perfectionne toujours. »

Les Républiques sont aussi vieilles que le monde; l'élection et l'hérédité se sont tour à tour disputé le pouvoir. Le temps est venu de remplacer le pouvoir par le gouvernement. A bas M. X..., vive tout le monde !

Ah ! il y a des pleurs et des grincements de dents parmi ceux qui avaient basé leur existence et leur élévation sur un ensemble de conventions élégantes. Pour une bassesse, ils obtenaient le droit d'ajouter une particule à leur nom; pour une infamie, ils changeaient le nom tout entier et plantaient, devant leur maison de campagne, un arbre généalogique.

Vous en doutez ? Lisez le *Bulletin des Lois*; vous-y trouverez la liste du carnaval nobiliaire des trente dernières années.

Gobichon est autorisé à se faire appeler « Arthur de Cerny ».

Vieux-Vautour est autorisé à changer son nom contre celui de « d'Orbigny ».

La crapule vendue se transforme en noblesse du Gymnase.

Que cela serait comique et bouffon, si ce n'était si lamentable ! si chacun de ces travestissements ne cachait une mauvaise action, un coup de dent secret à l'une de nos lois, un déni de justice, un crime *sec.*

A qui la faute si le progrès va des gouvernants aux gouvernés ?

Vous nous avez trompés, vous nous tromperiez encore, allez-vous-en.

Vous regrettez la monarchie, votre vache à lait, et vous prétendez encore conduire le peuple, votre vache à sang ? Je ne sais si d'autres nous joueront encore le tour, mais, au moins, ce ne sera pas vous. C'est horrible de voir revenir les mêmes, toujours les mêmes. A quoi bon renverser les trônes, si vous reparaissez toujours, émergeant des débris, et prêts à renier votre ancien maître, pourvu qu'on vous en donne un nouveau ?

— Assez ! allez-vous-en, vous dis-je, croyez-moi, n'attendez pas la fin.

Vous aviez promis de nous donner des soins, et, quand nous vous avons tendu les mains pour que vous puissiez nous tâter le pouls, vous nous avez mis les menottes...

Eh bien ! par un effort sublime, nous avons rompu nos liens, et voilà que vous reparaissez !

Comprenez donc une bonne fois; je vous dis que nos mains sont libres!

L'histoire des bienfaiteurs de l'humanité n'est qu'un martyrologe.

Les conservateurs israélites crucifient Jésus-Christ.

Les conservateurs romains s'empressent de supplicier les premiers chrétiens, ceux qui allaient semant la parole de Dieu.

Roger Bacon ayant acquis une instruction supérieure à celle de son siècle, on l'accuse de *sorcellerie*, et on lui fait passer dans les cachots la plus grande partie de sa vie.

Cristophe Colomb est attaché au mât de son navire par des matelots conservateurs; il est heureux pour lui qu'on ait aperçu la terre le soixante-cinquième jour; sans cette circonstance, il était condamné à mort par ses compagnons de voyage, ce qui lui eût évité, il est vrai, le chagrin de revenir, plus tard, en Espagne, avec les fers aux pieds et aux mains.

Conservateurs, qu'avez-vous fait de Salomon de Caus? Conservateurs, qu'avez-vous fait de Galilée?

Est-il donc interdit de croire à la perfectibilité humaine? Est-ce un crime de demander à la science, à l'industrie, à l'économie politique, le moyen d'arriver à une augmentation de bien-être et à une distribution équitable des joies de ce monde ?

De quel droit se trouve-t-il des gens qui viennent nous dire : Vous n'irez pas plus loin !

Le jour où les hommes ont bâti une ville, ils n'ont pas conservé la prairie.

Quand la croix s'est élevée au-dessus du portail de l'église, les chrétiens n'ont pas conservé les faux dieux.

C'est en creusant les questions de conscience que l'homme s'aperçoit qu'il touche à l'infini, et aussi qu'il effleure la région des épouvantements.

Les révolutions arrachent aux égoïstes, par surprise, le voile dont ils réussiraient, sans elles, à envelopper leur vie. Elles les forcent à être ingrats et fourbes au grand jour; elles sont pour chacun d'eux comme une sorte de jugement dernier : elles le contraignent, quelque honte qu'il en éprouve, à dire : Connaissez-moi comme je suis.

Aussi, la conservation devient un prétexte.

On a l'air de songer à tous, quand, au fond, on ne songe qu'à soi. On veut mesurer l'espace à un peuple, lui persuader que c'est là tout le théâtre de son être et de son néant, l'arène qu'il ne franchira jamais, le sol auquel il s'unira pour être foulé, poussière immobile, par une poussière mobile.

Et si quelques-uns protestent, on leur jette de la boue au visage, on les traite d'assassins et de voleurs parce qu'ils ne veulent pas être volés et assassinés.

Que deviendront les sociétés modernes avec une théorie si épurée de la vertu et une pratique si éhontée du vice ?

Je m'attends à une réunion électorale des *receleurs* de Paris, décidés à prendre des mesures pour sauvegarder leurs intérêts menacés par les *gens de désordre*.

Que de sottises, que d'hypocrisies ! Autant de mensonges que de déclamations !

Y aura-t-il un souffle assez puissant pour repousser la vague audacieuse de la civilisation? Et l'homme va-t-il retomber dans l'abîme où il doit se débattre encore pendant la durée des siècles inconnus ?

Il serait si simple de s'entendre, en disant : conservons ce qui est bon et juste ; rejetons ce qui est mauvais et barbare.

Il y a donc des gens qui vivent de la barbarie, et des satisfaits qui se repaissent du mal ?

C'est possible ; certains animaux se nourrissent de plantes vénéneuses.

Dans ce cas notre cœur est victime de notre imagination, et la vie amère et ricaneuse ne nous doit qu'un linceul et une satire.

UN CONTE BIBLIQUE

Je ne sais comment doit finir l'humanité, mais il faut avouer qu'elle a bien mal commencé.

Depuis le moment où Dieu profita du sommeil de l'homme pour le marier, c'est une suite non interrompue de crimes, de parjures, de meurtres et de larcins.

D'abord, dès qu'il y eut deux frères, l'un s'empressa de tuer l'autre. Quand il y en eut douze, onze se mirent d'accord pour vendre le douzième, ce qui n'explique pas pourquoi le nombre treize porte malheur. Étant donné un seul couple dans le paradis terrestre, on est bien forcé de reconnaître que les premiers mariages furent nécessairement incestueux.

L'Exode et la Genèse nous rapportent à ce sujet des faits que je dois signaler sans hésitation à M. le procureur de la République.

Je cite :

... Ils frappèrent d'aveuglement tous ceux qui étaient au dehors, depuis le plus petit jusqu'au plus grand.

Ils dirent ensuite à Loth : Avez-vous ici quelqu'un de vos proches ? Faites sortir de cette ville tous ceux qui vous appartiennent.

Car nous allons détruire ce lieu, parce que le cri des abominations de ces peuples s'est élevé de plus en plus devant le Seigneur.

... Loth, étant dans Ségor, eut peur d'y périr s'il y demeurait. Il se retira donc sur la montagne avec ses deux filles, entra dans une caverne et demeura avec elles.

Alors l'aînée dit à la cadette : Notre père est vieux et il n'est resté aucun homme qui puisse nous épouser selon la coutume de tous pays.

Donnons donc du vin à notre père et enivrons-le...

(*Voir la suite dans l'Exode.*) *Si Moïse a fait partie de la Société des gens de lettres, ses héritiers peuvent réclamer les droits de reproduction à M. Emmanuel Gonzalès.*

Les Égyptiens, plus fiers que nous, prétendent être sortis de la boue du Nil à laquelle ils donnent le nom prétentieux de *limon*.

Ils ne sont pas dégoûtés.

Telles sont donc les origines avouées de la société actuelle.

Comment s'étonner, après cela, qu'on ait tant de peine à faire quelque chose de propre?

Que va-t-il se passer à la rentrée de la Chambre?

Il y a des gens qui assurent qu'une partie du Cabinet va sauter, et les esprits malveillants que cela ne sera pas de joie.

Que ces messieurs sautent ou ne sautent pas, il est certain qu'il va falloir faire quelque chose, ce qui sera dur, attendu qu'on en a perdu l'habitude.

Le topique souverain recommandé par les médecins de la Faculté d'Orléans, c'est le suffrage restreint, quelque chose comme la *diète* en matière électorale, qui a si peu réussi à Louis-Philippe.

C'est une véritable manie chez tous ceux qui arrivent au pouvoir de chausser les souliers de ceux qui en ont été précipités.

Les petits enfants connaissent tous l'histoire de la *Vieille femme et de son mouton*. Les grands enfants la reliront avec plaisir — et peut-être avec fruit.

CONTE BIBLIQUE.

Une vieille femme, qui balayait sa maison, trouva un écu de trois livres que quelqu'un avait sans doute laissé tomber longtemps auparavant, car il était caché dans un coin, sous un vieux bahut — et recouvert d'une couche de poussière.

La vieille femme se rendit au marché et acheta un petit mouton ; mais, en retournant chez elle, elle fut arrêtée par une barrière que le petit mouton ne voulut jamais franchir.

La vieille appela un chien et lui dit : « Chien, mords le mouton qui ne veut pas franchir la barrière. »

Mais le chien ne voulut pas.

Elle regarda autour d'elle et aperçut un bâton. « Bâton, s'écria-t-elle, bats le chien qui ne veut pas mordre le mouton qui refuse de franchir la barrière. »

Le bâton s'y refusa.

La vieille avança quelques pas et vit un feu qui flambait.

« Feu, dit-elle, brûle le bâton qui ne veut

pas battre le chien qui refuse de mordre le mouton... »

Le feu refusa net.

La vieille alors chercha de l'eau.

« Flaque d'eau, éteins le feu qui refuse de brûler le bâton qui ne veut pas battre le chien, etc. »

L'eau ne voulut pas.

La vieille alors s'adressa à un bœuf qui passait :

« Bœuf, bois l'eau qui ne veut pas éteindre le feu qui refuse de brûler le bâton, etc. »

Le bœuf n'y voulut pas consentir.

Un peu plus loin, elle rencontra un boucher à qui elle dit :

« Boucher, tue le bœuf qui refuse de boire l'eau qui ne veut pas éteindre le feu, etc. »

Mais le boucher refusa.

La vieille trouva une corde et lui dit :

« Corde, pends le boucher qui ne veut pas tuer le bœuf qui refuse de boire l'eau, etc. »

La corde ne voulut pas.

La vieille continua sa route et rencontra un rat : « Rat, ronge la corde qui ne veut pas pendre le boucher qui refuse de tuer le bœuf, etc. »

Le rat s'y refusa.

Elle aperçut alors un chat qui rêvait sur le bord du chemin : « Chat, mange le rat qui ne veut pas ronger la corde qui refuse de pendre le boucher, etc. »

Le chat lui répondit :

« Donnez-moi une tasse du lait de cette vache qui est là, dans la prairie, et je m'engage à manger le rat. »

La vieille femme alla trouver la vache qui lui dit : « Si vous me donnez une poignée du foin de cette meule que vous voyez près d'ici, je vous rendrai du lait en échange. »

La vieille alla chercher du foin, et, dès que la vache eut mangé, elle donna du lait que le chat but avec avidité.

Alors le chat tua le rat ; le rat rongea la corde ; la corde pendit le boucher ; le boucher tua le bœuf ; le bœuf but l'eau ; l'eau éteignit le feu ; le feu brûla le bâton ; le bâton battit le chien ; le chien mordit le mouton ; le mouton franchit la barrière — et la vieille femme put enfin rentrer chez elle, avec un long retard il est vrai, mais mieux vaut tard que jamais.

Comprenez-vous tout ce qu'il y a de profond dans ce conte de nourrice, messieurs de l'ordre moral ?

Dès que la vache a reçu le foin, elle donne du

lait — et, du premier jusqu'au dernier, tout le monde s'empresse de faire son devoir.

C'est alors que l'ordre est rétabli...

Vous dites à la Chambre : « Supprime le suffrage universel qui refuse de nous envoyer des monarchistes. »

Mais la Chambre ne veut pas.

Vous dites aux électeurs :

« Chassez ces républicains qui empêchent la Chambre de supprimer le suffrage universel qui ne veut pas nous envoyer des monarchistes. »

Mais les électeurs refusent.

Vous vous adressez aux journaux influents :

« Persuadez les électeurs qui ne veulent pas chasser les républicains qui empêchent la Chambre de supprimer le suffrage universel. »

Les journaux influents n'y consentent point.

Vous dites au public français :

« Repoussez ces journaux qui refusent de persuader les électeurs, etc. »

Le public français ne veut pas.

Il vous demande la liberté, la liberté veut la République.

Les affaires ne vont pas,
L'argent reste dans les coffres,
La confiance refuse de renaître,

Le public s'éloigne de vous,

L'ouvrier se croise les bras,

Le suicide sévit jusque dans les rangs les plus élevés,

Les nouveau-nés sont abandonnés au coin des rues,

L'Assemblée se démène sur place et tente vainement de constituer...

La nation vous dit : Donnez-moi cette liberté à laquelle j'ai droit.

La liberté vous dit à son tour :

« Tout ira bien, si vous éloignez de moi les intrigues et les menaces, en reconnaissant la forme de gouvernement qui m'est indispensable. »

Vous lui donnez sagement ce qu'elle demande, et, tout d'un coup, les affaires reprennent,

L'argent circule sur tous les marchés,

La confiance renaît,

Le public se déclare prêt à vous suivre,

L'ouvrier travaille de tout cœur,

Chacun attend le terme que Dieu a fixé à son existence.

Les parents peuvent nourrir les enfants.

Et une Assemblée pleine de vie nous donne une constitution qui assure l'ordre par une sage transmission des pouvoirs.

Nous rentrons enfin chez nous, comme la bonne femme — et tout est bien qui finit bien.

LE TRONE

M. le comte de la Rochefoucauld, duc de Bisaccia, royaliste français, ambassadeur de la République en Angleterre, et sans doute député des Anglais à Versailles, est monté à la tribune pour demander à l'Assemblée de proclamer : « Que le gouvernement de la France est la Monarchie ;

« Que le trône appartient au chef de la maison de France. »

L'Angleterre est le pays par excellence de paris surprenants et des folles gageures ; M. de la Rochefoucauld a pris rapidement les habitudes du royaume où il représente si rarement la France. C'est la seule façon d'expliquer la démarche comique qu'il a cru pouvoir risquer dans la séance du 15 — où M. de Carayon-Latour s'est révélé poëte.

Qu'il est loin, Monsieur le duc, le cri de *Vive le roi !*

Depuis l'époque où il trouvait un écho dans les cœurs, il y a eu bien du sang sous les ponts; et de la responsabilité, il y a deux parts à faire, une grande et une moindre.

La grande est celle de votre parti.

Sans doute, vous êtes d'honnêtes gens; sans doute vous avez eu vos jours d'héroïsme et de gloire, mais le peuple vous a trouvés trop lourds. A ses risques et périls, il a cessé de suivre vos pas, il s'est émancipé, il a vu un autre idéal — et vous vous êtes tout à coup trouvés seuls, ducs sans suite, chefs sans soldats.

C'est bien fini, croyez-le, et, par pitié pour votre patrie, ne vous obstinez pas à recommencer une sinistre expérience.

C'est un usage, dans un certain parti, d'accuser sans cesse le peuple français, son caractère, sa versatilité, ses appétits, sa violence.

Eh bien! Monsieur le duc, puisque *vous devriez habiter l'Angleterre*, permettez-moi de tourner avec vous les pages sanglantes de son histoire. Le bourreau y joue un rôle important et les assassinats des rois y sont particulièrement fréquents.

Chez tous les peuples et à toutes les époques, la tête royale est un point de mire pour les balles et les poignards. Pas de trône qui ne soit assis sur une mine prête à le faire voler en éclats. Un roi résume toujours une masse d'idées, d'opinions et d'intérêts. Quelle tentation offerte aux opinions ennemies! Tuer tout un système en se débarrassant d'un homme! Une immense conquête pour un coup de poignard! Le jugement et la condamnation de Charles Ier et de Louis XVI ne reposaient pas sur une autre pensée. Symboles, l'un du catholicisme et du gouvernement absolu, l'autre de la vieille monarchie, tous deux ont péri — comme symboles.

Les Stuarts ont longtemps survécu à la monarchie absolue. L'Europe les a vus, ombres du système détruit, épuiser leur inutile vie en stériles intrigues; et ces fantômes errants de l'impuissance monarchique ont annoncé aux autres monarques l'inévitable sort qui les attendait.

Au moyen âge, huit ou dix chevaliers traquaient le prince qu'ils voulaient assassiner et le perçaient de leur glaive en le maudissant.

Les annales de l'Écosse abondent en drames terribles.

Jacques Ier était à Perth, au couvent des Moines noirs. Là se trouvaient rassemblés les femmes les plus jolies et les plus braves chevaliers. Ce n'étaient que bals et tournois.

La nuit du 20 février, à 1 heure, la cour

entière dormait, rassasiée de plaisirs. Les conspirateurs, conduits par Robert Graham, envahissent le couvent. Le roi soulève une dalle du parquet et se laisse glisser dans un retrait obscur, rempli d'immondices et de débris. Chambers, Hall et Graham y descendent.

— De grâce, dit le roi, un confesseur!

Graham lui enfonce sa dague dans la poitrine.

— Grâce, dit encore le roi, et je te donnerai la moitié de mon royaume!

Seize coups l'atteignent au même instant.

La reine s'était enfuie. Les conspirateurs lui furent livrés. Les uns furent promenés dans la ville, le front entouré d'une couronne de fer rougie au feu; les autres, suspendus par les aisselles à une estrapade placée sur une voiture, furent brisés sur le sol à coups répétés.

Pendant cinq jours entiers, les lambeaux de chair et de muscles sanglants que le bourreau ne cessait d'arracher avec ses tenailles ou de déchirer avec ses pinces, furent jetés aux chiens errants...

Vive le roi!

Jacques III avait irrité sa noblesse. Plusieurs mécontents furent décapités. Vaincu à Bannockburn, le roi fuyait. Son cheval se cabre, le roi tombe, et lui aussi demande un confesseur.

Un homme se présente, le poignarde et disparaît.

Les monomanes de régicide, qu'il ne faut pas confondre avec les ambitieux et les salariés, ont entre eux une curieuse analogie. Leurs pensées semblent concentrées sur un seul objet : ils ont la persuasion que l'idée contre laquelle ils s'arment est la ruine et le fléau du genre humain.

Tels furent Balthazar Gérard, Jean Chastel, Jacques Clément, Ravaillac; tels se montrèrent les auteurs de la conspiration des poudres, quelques-uns des assassins de Guillaume III ; enfin, plus récemment, l'assassin de Kotzebue, Karl Sand ; celui du duc de Berry, Louvel, et, sous le dernier Empire, le comte Orsini.

Le malheureux Jacques IV, à qui une épée faisait peur et qui n'osait même pas donner l'investiture à un chevalier, fut exposé à de terribles complots. Ruthven, Garnett, Guido Fawkes, Catesby, Oswald Tesmond, Percy de Northumberland lui ont fait une vie assez agitée.

Les complots du fanatisme religieux disparaissent avec Guillaume III et les assassins soudoyés paraissent de nouveau. Malheur aux nations, quand leur salut et leur repos dépendent de l'existence d'un seul homme ! Pendant le règne de Napoléon, les intérêts de la France abîmée en des guerres interminables, ne tenaient qu'à un hasard. Pour tout compromettre et tout détruire, il eût suffi d'un des fragments de mitraille qui circulaient sans cesse autour de la tête impériale.

Guillaume fit pendre dix conjurés à Tyburn. Leur mort fut belle et courageuse.

« Je n'ai rien à craindre des assassins de rois, dit George Ier de Brunswick en montant sur le trône, *ils sont tous de mon côté*. »

Il se trompait. Un grand nombre de Jacobites furent exécutés.

Jacques Shepherd, dénoncé, fut condamné à mort. Il avait vingt ans et il était fou !

George II offrit comme son prédécesseur l'exemple phénoménal d'un prince qui n'était ni aimé, ni estimé, ni respecté, et qui gardait sa couronne, son pouvoir et ses vices.

Seul George III montra quelque grandeur. Il envoya dans une maison de fous Marguerite Nicholson et le capitaine Hatfield.

« La vie d'un roi, disait-il avec insouciance, appartient à quiconque veut exposer la sienne. »

Fieschi, Morey, Pepin et Boileau furent de cet avis sous la monarchie de Juillet.

Certes, je me suis indigné, avec les honnêtes gens de tous les partis, des tortures atroces qu'une foule affolée a fait récemment subir au malheureux agent Vincenzini.

Rien n'est cruel comme la foule.

Et, pour me reposer de ces horreurs, j'ai ouvert le volume des *Causes célèbres* qui contient l'affaire Damiens.

Ce criminel écrivait au roi :

« J'ai l'honneur de représenter à Votre Majesté que, malgré les ordres que vous avez donnés, cela n'a pas empêché que M. le garde des sceaux a fait chauffer deux pinces dans la salle des gardes, me tenant lui-même, et ordonné à deux gardes de me brûler les jambes, ce qui fut exécuté... »

Mais ce n'était là qu'un prélude, car, lorsqu'on le plaça sur l'échafaud, il avait les jambes brisées.

Quant au supplice, il fut bien simple.

Damiens fut étendu sur l'échafaud et solidement garrotté.

Sa main droite fut brûlée sur un réchaud. Il

poussa un cri horrible, puis regarda brûler sa main.

Alors, on le tenailla aux mamelles, aux bras, aux cuisses, au gras des jambes, et sur chacune de ces plaies vives, on jeta un mélange de plomb fondu, d'huile bouillante, de cire et de soufre.

On lia ensuite très-serré les jambes et les bras pour procéder à l'écartellement. Les cordes qui mordaient dans les plaies vives arrachaient au patient des hurlements de douleur. Les chevaux furent attachés; ils étaient jeunes et tiraient mal d'ensemble. Pendant une heure, ils tirèrent sur ces membres *sans pouvoir les détacher*. Les cris féroces du supplicié accompagnaient horriblement les cris des exécuteurs excitant l'attelage.

Il fallut se décider, la nuit tombant, à couper les nerfs principaux.

On vit alors partir une cuisse, puis un bras. La seconde cuisse se détacha, et quand le dernier bras céda aux efforts des chevaux, Damiens rendit le dernier soupir.

C'est ce qu'on appelle *le bon vieux temps*.

Les journaux de ce matin annoncent que M. le comte de la Rochefoucauld, duc de Bisaccia, vient d'envoyer sa démission d'ambassadeur en

Angleterre. On ne peut qu'approuver cette décision.

Peu de jours après le 24 mai, je rencontrai un homme politique, un duc lui aussi.

— Tout le monde a donc voulu être réglé *au comptant ?* lui demandai-je

—Il y a eu, en effet, quelques exigences un peu dures...

— Comment se fait-il que le duc de la Rochefoucauld-Bisaccia ait été si pressé d'occuper un poste?

— Oh ! quant à celui-là, sa fortune le met au-dessus de tout soupçon d'intérêt. Cependant sa nomination lui a causé une joie d'enfant. C'est, du reste, un excellent choix. Vous connaissez la hauteur de l'aristocratie anglaise ; elle sera enchantée d'avoir un la Rochefoucauld.

Le duc a la main large; il n'économisera pas sur ses appointements, au contraire. Il ne peut donc que nous faire honneur. D'ailleurs, nos relations avec l'Angleterre sont excellentes.

— Mais s'il survenait quelque complication ?

— Oh ! alors, c'est différent. Nous verrions ce qu'il y aurait à faire...

De quoi s'occupe-t-on aujourd'hui dans ce pays *rassasié de politique?*

On s'occupe de savoir si l'urgence a été votée

avec une majorité de six, de quatre ou d'une voix.

Il y en a qui disent qu'il n'y a pas eu de voix du tout, que c'était un hoquet.

Hé! qu'importe à la France qui ne demande aux représentants que de faire *quelque chose !*

La réforme est le seul terrain de conciliation possible. Tous devraient y mettre la main. On s'occuperait beaucoup moins alors de la forme quelconque du gouvernement. Les reproches, les accusations, les malédictions, les coups de poing n'ont jamais rien prouvé. Nous nous roulons comme des portefaix — et l'ouvrage ne se fait pas !

RETOUR VERS LE PASSÉ

C'est sans aucun doute pour tromper les ignorants qu'on prétend que le peuple français a fait des révolutions, quand, au contraire, il les a toujours subies.

Qui donc conspirait ouvertement contre Louis XVI ? Le *duc* d'Orléans, qui s'est empressé de le condamner à mort dès que l'occasion s'en est présentée.

Qui remuait les masses avec le plus d'entrain? Le *comte* de Mirabeau.

Qui est-ce qui a inventé le mandat impératif? Le *marquis* de Lafayette.

Qui est-ce qui a demandé l'abrogation des titres de noblesse? Le *vicomte* de Noailles.

Qui est-ce qui a fait la révolution de 1830? Charles X, en se révoltant contre la Charte et en signant les ordonnances.

Qui a fait la révolution de 1848? Louis-Philippe, qui a voulu élever une barricade entre le peuple et lui, en refusant d'étendre le droit électoral à deux cent mille citoyens éclairés.

Qui a fait la révolution de 1852? Louis-Napoléon, avec l'aide du comte de Morny, de M. de Saint-Arnaud et de plusieurs autres gentilshommes.

Qui a fait la révolution du 4 Septembre? Le même Louis-Napoléon, sous le sobriquet de Napoléon III, en quittant la capitale pour aller se confier à l'hospitalité du peuple prussien, comme son oncle s'était confié à « l'hospitalité du peuple britannique ».

Si bien que la France, lassée de voir ses rois se soulever contre elle, a pris le parti de s'en passer.

Le monde a vieilli dans l'erreur et dans la

misère. Erreur et misère dans les rapports de l'homme à l'homme : l'esclavage, la servitude féodale, l'aristocratie.

Erreur et misère dans les rapports de l'homme à Dieu : l'idolâtrie, les persécutions religieuses, le fanatisme des sectes, la domination sacerdotale.

Au moment où l'on croit en avoir fini avec tous ces malheurs, il surgit un événement qui est le spectre noir de la civilisation.

L'Angleterre semblait se radoucir aux Indes, la Russie paraissait plus clémente à la Pologne, la Hongrie avait reconquis ses droits, l'Italie était devenue une nation, quand, tout à coup, en pleine Europe, la hideuse Turquie, la banqueroutière, la Porte de Sodome lâche ses bataillons de fauves sur les villages paisibles. Elle écrase les moissons sous les pas de ses chevaux, promenant l'incendie, le viol et la mutilation comme ne l'eussent pas fait les Cimbres et les Teutons.

Cette masse abrutie, que l'Angleterre seule s'obstine à nommer une nation, se répand comme une lave, laissant le désert et la cendre où étaient la vie et la végétation...

L'Europe recule de deux mille ans.

Au temps de la féodalité, l'âme de la monarchie était la *protection.* Les faibles se groupaient autour des moins faibles, qui se rassemblaient à leur tour sous la bannière d'un plus fort; et d'échelon en échelon, on arrivait jusqu'au roi.

Mais, comme dans ce monstrueux système de la force, l'abus à chaque pas étouffait l'usage; comme la protection prétendue n'était qu'une oppression réelle, et que, au lieu que l'ordre et la sécurité descendissent de degré en degré, du monarque aux sujets les plus éloignés, l'anarchie et la terreur remontaient des sujets jusqu'au monarque, il fallut décomposer ces agrégations dans lesquelles chaque homme ne figurait que comme fraction d'un nombre et attacher à chaque citoyen une valeur personnelle, la valeur de l'unité.

Les forces remises aux mains des rois se trouvèrent si considérables; ils eurent à disposer, soit en milices réglées, soit en impôts permanents, d'une telle masse de richesses et de puissance, que la fièvre les prit et que l'âme de la monarchie devint la *conquête.*

La conquête, par laquelle un État croit devenir plus puissant et plus riche, a pour effet ordinaire de le rendre plus faible et plus dénué.

La France paya bientôt par son malaise et

par ses agitations la folie de ses guerres lointaines ; les partis se formèrent dans l'État ruiné, comme les querelles dans les ménages appauvris, où chacun prétend que c'est la faute de l'autre.

La réformation religieuse, née de l'excès du scandale et des abus, vint ajouter à ces causes de dissentiment.

A l'obéissance aveugle et stupide succéda l'insubordination des grands.

Lorsque enfin la nation fut arrivée au plus haut développement de ses facultés, elle se proposa pour but la *gloire*.

L'affaiblissement de ce ressort produisit l'*honneur ;* bientôt après, la dégénération de l'honneur n'ayant laissé pour âme de l'État que la *vanité*, le vieux corps social tomba en ruine, et comme une nouvelle force morale, une nouvelle âme s'était formée dans la nation ; la Révolution naquit.

On sait comment la *liberté* alla s'abîmer dans la *domination militaire ;* ce qu'on sait aussi, c'est que des ruines de cette domination s'est formée pour le peuple français une nouvelle âme qui ne le quittera plus ; c'est que l'impérieux besoin qu'il éprouve, et qu'il éprouvera plus vivement de jour en jour, est celui de l'*égalité*, assise sur la base inviolable des garanties constitutionnelles. Non, il n'y a pas d'autre ressort possible pour mettre en jeu une grande nation détrompée de tous les prestiges, et qui, attachant un prix immense au bien-être social, veut, après de longues et douloureuses expériences, qu'une sécurité inébranlable en devienne le fondement.

Je ne sais quel roi d'Angleterre avait ressuscité une loi de je ne sais quel empereur qui défendait, sous peine de mort, de prédire la mort du monarque régnant. Ce roi tomba malade. Un médecin fut appelé; il n'osa ordonner aucun remède, de peur que le *système interprétatif* ne conclût de la nature du médicament que la maladie était mortelle; et il n'osa déclarer que le roi mourrait s'il ne prenait aucun remède, de peur que le *système direct* n'en conclût qu'il avait prédit la mort du roi.

Ce prince mourut pour avoir remis en vigueur une mauvaise loi.

Eh bien! je le constate avec douleur, non-seulement beaucoup de mauvaises lois sont remises en vigueur, mais encore les magistrats qui avaient la spécialité de les appliquer sont toujours à leur poste. Il n'y avait, pour les rendre à la vie privée, d'autre moyen que la persuasion, et ce moyen n'a pas réussi.

La situation est toujours tendue et fort délicate; c'est la République qui gouverne, et c'est Bonaparte qui condamne.

Et, malgré cela, quelle différence entre la situation actuelle et celle que nous avait créée la coalition du 24 mai!

Le calme a succédé à ces jours d'orages, les fonds publics ont monté, la confiance s'est rétablie.

Supposons que la faction ennemie l'eût emporté; quel autre spectacle offrirait le pays! Le sentiment que la coalition orléano-légitimarde avait de sa faiblesse l'eût, en dépit d'elle-même, rendue cruelle et violente; la résistance mène droit à la Terreur. Aussi la seule idée que cette faction pouvait obtenir un triomphe *d'un moment* avait jeté la stupeur dans Paris.

On ne parlait que de coups d'État, de prison et d'exil.

Toutes les lettres qui arrivaient des diverses parties de la France ne parlaient que des projets de vengeance et de persécution qu'affichait la race de 1815. Déjà on se croyait revenu aux beaux temps des suspects et des cours prévôtales; une vive agitation se faisait remarquer dans les départements, naguère si paisibles...

Et un personnage haut placé s'écriait:

— Si l'on arborait le drapeau blanc, les chassepots partiraient d'eux-mêmes!

Il faut que ces jours d'alarme ne renaissent plus; mais, pour cela, il est indispensable que le ministère soit entièrement républicain et qu'il ne recule pas devant l'ouvrage accepté. Comment l'ordre pourrait-il régner dans un pays où les agents qui exécutent sont les ennemis secrets du pouvoir qui commande?

Comment les partis monarchiques renonceraient-ils au pouvoir, tant qu'ils auront des agents prêts à les soutenir?

La plaine est au pays, mais ils tiennent encore les hauteurs.

Il faut les en faire descendre.

RÉPUBLICAINE OU COSAQUE

La France n'a plus de politique; le patriotisme se consume sur lui-même. Il meurt d'inanition.

La presse s'épuise en discussions enfantines, le parlementarisme nous aspire lentement par toutes ses tentacules. Comme un vase fêlé, nous voyons fuir nos illusions et notre sang, notre orgueil et notre énergie.

La Prusse prépare une nouvelle carte de

l'Europe qui lui donne des ports sur la Manche et sur la Méditerranée; elle dit *Dunkirchen* au lieu de Dunkerque, *Nanzig* au lieu de Nancy, et, dans la presse conservatrice, nos Bismarcks de carton, nos Cavours de pain d'épices nous affirment, le sourire sur les lèvres, qu'il n'y a aucune complication dans nos relations extérieures.

Les journalistes qui amusent le public et semblent avoir pris à tâche de détourner son attention des orages d'un avenir déjà brûlant, me rappellent l'orgue de l'affaire Fualdès. La victime râlait et l'orgue couvrait ses cris; les passants ne pouvaient l'entendre.

Reprenez donc les correspondances de Benedetti! prouvez à la Belgique que l'Empire menaçait son intégralité, comme si le danger venait de là, aujourd'hui! Froissez les derniers amis que nous avons en Europe; faites le procès de l'irréparable passé, jouez de l'orgue!...

Et peut-être la Suisse, la Belgique, la Hollande, le Luxembourg, le Danemark n'entendront-ils pas le signal d'alarme et la plainte suprême de la France mutilée!

— Sentinelle, prenez garde à vous!

C'est le mot qui, quatre fois par heure, fait le tour des camps et des citadelles.

Ce mot, chacun de nous devrait le répéter le matin en se levant et le soir en se couchant.

Il devrait résonner de Paris à Bruxelles, et de Bruxelles à La Haye, et de Copenhague à Genève ; il devrait résonner de Dunkerque à Toulon et de Vienne à Pétersbourg.

Les gens qui vendraient leur pays pour une place et leur conscience pour un ruban, vont affecter de rire de mes craintes; ils vont encore me traiter d'alarmiste...

— Hé quoi ! l'ordre ne règne-t-il pas en France ?

— Il y règne.

— Doutez-vous du maréchal de Mac-Mahon?

— Loin de là, je déclare que, à quelque parti qu'on appartienne, il est impossible de ne pas reconnaître que celui-là est un honnête homme dans toute l'acception du mot.

— Eh bien ! que voulez-vous de plus?

— Tout le reste.

Je veux qu'on sache que l'armée française, à l'heure actuelle, n'est pas sur le pied où elle devrait être.

Je veux qu'on n'oublie pas que nos nouvelles frontières sont défendues par une centaine de peupliers, et que, si nous n'avons pu nous protéger avec Metz et Strasbourg, il est évident que Paris est devenu une ville ouverte. Un homme à qui on a coupé les deux poignets ne peut guère espérer lutter avec son ventre.

Je ferai ensuite observer respectueusement à nos législateurs souverains que le moment est peut-être mal choisi pour modifier le suffrage universel.

Hé quoi! c'est à l'heure où tout le monde doit être élevé à la dignité de soldat, où chaque citoyen est forcé par la nécessité de payer trois ou quatre fois plus d'impôt qu'auparavant; au moment où un gouvernement français, quel qu'il soit, a pour devoir d'élever les sentiments du peuple, de lui montrer le châtiment inévitable de l'insouciance politique et de l'égoïsme civil, c'est maintenant, en un mot, que l'on songerait à restreindre les droits de la nation et à l'entamer dans sa vie publique, dans son mouvement, dans sa dignité?

Français, vous paierez et ne voterez pas;
Vous fournirez votre sang, jamais votre avis;
Vous marcherez sans savoir pourquoi;
Vous obéirez sans savoir à qui;
Vous irez sans savoir où!

C'est impossible; parlementaires, vous n'y songez pas!

Allez-vous punir tant de gens qui vous ont nommés?

A qui ferez-vous croire qu'ils vous ont délégué leurs droits pour les leur enlever?

Ce n'est point un ennemi qui vous parle. C'est un homme sincère.

Que vous feriez la partie belle au premier aventurier qui, le lendemain d'une victoire de la rue, mettrait la main sur les boutons du télégraphe et ferait afficher sur les murs de toutes les communes de France :

« Je vous rapporte le *suffrage universel!* »

Vous, les hommes du progrès lent, trop lent; les partisans de la réforme à petites doses, trop petites; vous, les temporiseurs, les modérés; les ennemis des secousses, quelle secousse iriez-vous tenter?

Et cela quand le gouvernement a besoin des efforts, des sacrifices, de la résignation de tous?

Ah! faites donc une politique plus large! Instruisez et convertissez les esprits incultes et rebelles. Frappez de grands coups qui étonnent et éblouissent.

Il y a tant à faire — et vous avez tout pouvoir!

Réformes administratives, épuration des bureaux, économies de temps et de procédures, simplification de la vie, en un mot, n'est-ce pas là un sujet digne de vous tenter?

Que vous seriez forts pour la répression, si vous aviez commencé par le commencement!

Quant à la politique extérieure, elle est moins compliquée qu'elle n'en a l'air.

Il est certain que l'Allemagne, enfermée au milieu de l'Europe, étouffait dans les limites qui lui avaient été tracées. Il était pénible à tout ami de l'humanité d'assister à ce spectacle d'une grande et populeuse nation à qui l'accès de la mer était presque interdit. Les ports de la vieille ligue hanséatique ne pouvaient suffire à l'innombrable population germanique.

L'Allemagne a éclaté; c'est l'explosion de l'air comprimé. Il faut voir maintenant à quoi cet événement peut nous réduire.

La politique a vécu pendant cinquante ans sur un thème qu'on appelait l'équilibre européen.

A chaque pas, à chaque mouvement, on entendait un chœur de conservateurs désolés qui s'écriaient :

— Vous allez détruire l'équilibre européen!

C'est dans l'intérêt de l'équilibre européen que la France et l'Angleterre faisaient la guerre à la Russie; il suffisait, pour entrer dans la diplomatie, de réciter quelques lieux communs sur l'équilibre européen, qui est devenu — ce que vous savez.

La Russie a une politique immuable, une ligne toute tracée par le testament de Pierre le Grand.

Le jour où la France, au lieu de s'opposer à la réalisation des vœux de l'empire moscovite, marchera carrément de concert avec lui, nous n'aurons plus rien à craindre de la Germanie.

L'Europe n'est pas cosaque, et elle a bien du mal à se faire républicaine. Bonaparte avait prédit que cela serait l'un ou l'autre « *dans cinquante ans* ».

Les cinquante ans sont écoulés.

Pourquoi l'Europe ne serait-elle pas cosaque par là-bas et républicaine par ici ?

Le cabinet de Pétersbourg vit en fort bonne intelligence avec les États-Unis, et la forme du Gouvernement français importe peu au Czar dans l'utilité de ses alliances.

— Mais la Russie nous dévorera !

Pourquoi ? la Russie en a beaucoup d'autres à faire passer avant nous ; et, dans tous les cas, je préfère la menace lointaine au péril immédiat.

Tout ceci est bien un peu de la conversation.

L'espace m'est mesuré et les documents sont nombreux à l'appui de ma thèse.

Les Turcs nous appellent « *chiens de chrétiens* », et les Russes se disent volontiers nos amis.

Les Prussiens nous ont mangé une épaule et déclarent que l'autre doit être aussi bonne, tandis que les Russes nous ont sauvé plusieurs membres en 1815. C'est par eux que la France est restée « *une grande nation* » et a pu, par reconnaissance, leur bombarder Sébastopol.

Il n'y a pas de honte, quand on a fait une chute, à demander l'appui d'un homme vigoureux pour qu'il vous remette chez vous.

L'HOMME-PLANTE

Quel que soit le parti auquel il appartienne, il n'y a pas un homme sincère qui ne vous dise : « Sans doute, monsieur! la République est la meilleure forme de gouvernement, la plus simple, la moins coûteuse.... »

Vient, il est vrai, la restriction : « Mais elle est impossible avec le caractère mobile, changeant et enthousiaste du peuple français. »

Bien que la conséquence soit en désaccord avec les prémisses, il n'est pas moins admis que les républicains sont des hommes qui, à tort ou à raison, recherchent, revendiquent, ou rêvent « la meilleure forme de gouvernement ».

Il est donc de bien mauvais goût d'injurier chaque jour, comme le fait une certaine presse, des citoyens dont les intentions, au moins, sont excellentes.

Les vrais républicains sont ces hommes probes, paisibles et éclairés qui, placés par la fortune ou par la naissance hors de la route des grandeurs, ou les dédaignant, quoique pouvant y prétendre, sont naturellement ennemis de l'insolence des grands et de l'arbitraire de l'autorité.

Les négociants, les fabricants, les avocats, les curés, les gens de lettres, les savants sont essentiellement attachés à une juste égalité et à une sage liberté.

Les traditions des âges passés, les chroniques de tous les peuples nous parlent d'une époque longue et obscure, enfance de l'humanité, dont nous pouvons retrouver les types dans les misérables peuplades qui habitent les extrémités méridionales de la terre, dans les hideux saabs de la pointe de l'Afrique, dans les indigènes de la terre de Diémen et dans les Pécherais de la Terre-de-Feu, peuplades à peine supérieures en intelligence aux grandes espèces de singes, aux orangs et aux chimpanzés.

En face de ce tableau qui se déroule d'âge en âge, qui peut nier le progrès humain, le progrès continu, indéfini?

L'homme n'a pas été chassé du paradis, il le cherche, il en approche.

Sur un sol tremblant encore des grandes convulsions géologiques, au milieu d'immenses forêts, de vastes marécages, de fleuves débordés, l'homme, le dernier né de la création, paraît nu, sans défense. A chaque pas, il grandit en intelligence et en force. Il lutte contre les animaux, maîtres de la terre avant lui : puis, il en arrive à combattre les éléments.

En même temps que s'étend sa puissance, ses mœurs s'adoucissent et s'épurent.

La guerre d'homme à homme, de famille à famille, de tribu à tribu, de nation à nation, de race à race, la guerre est partout.

La marche humanitaire n'est, au début, qu'une suite de migrations armées, de caravanes guerrières.

Dans le mouvement général, vingt peuples ont tour à tour occupé le premier rang pour le céder à d'autres peuples plus jeunes et plus vigoureux.

C'est ainsi que l'on voit, dans les troupes d'oiseaux voyageurs le plus fort occuper le sommet de la colonne ; il indique la route et dirige les émigrants vers des climats plus doux; puis, lassé de ses efforts, sentant son vol se ralentir, il quitte la tête et va se reposer aux derniers rangs, tandis qu'un autre le remplace.

Une idée nouvelle, offrît-elle dans sa réalisation les avantages les plus positifs, n'est jamais adoptée qu'après de vives résistances.

L'homme ne semble vouloir accepter le bien qu'à travers le crible des siècles, et que lorsqu'il tombe sur lui en poussière impalpable. L'esprit de routine l'étreint avec tant de force qu'il ne se résout que péniblement à faire un pas en avant.

Et, cependant, il n'a qu'à vouloir. Mais, pour vouloir, il faut sortir de ce demi-sommeil où nous sommes plongés ; il faut combattre l'esprit de routine dont la société est si profondément imprégnée.

L'esprit de routine est le plus grand ennemi de la civilisation. Sous prétexte de conserver, il arrête, il immobilise ; il s'attache à tout ce qui est ancien, bon ou mauvais. Certaines gens ne peuvent se détacher d'une redingote ; qu'elle soit sale, peu leur importe ; ils attendent qu'elle tombe en guenille.

Victor Hugo a publié une de ces pages qui sont une lumière de plus dans notre obscurité.

Cela s'appelle : *Pour un soldat.*

Blanc, fusilier au 112e de ligne, vient d'être condamné à mort pour insulte grave envers son supérieur.

Hugo cherche à prouver que le conseil de guerre de Trianon, en demandant la grâce de Bazaine, semblait abolir la peine de mort dans l'armée.

Le haut conseil de guerre a jugé que Bazaine méritait la mort, dit le poëte, et il a déclaré qu'il devait vivre.

Ayant épargné celui-ci, va-t-on sacrifier celui-là ?

L'armée, cet être collectif dans lequel vit la nation entière, l'armée si pleine d'honneur et de dévouement, de force et d'activité, peut seule, en modifiant son organisation, se poser comme base, comme modèle de la société de l'avenir, car seule, au milieu des nombreuses opinions qui divisent la France, elle possède l'unité qui conduit aux grandes choses.

Le duc d'Orléans, dans ses adieux au camp de Compiègne, disait, en 1837 :

« Pendant la paix, l'armée a aussi une mission à remplir; elle est un puissant moyen de civilisation ; c'est surtout par l'armée que peut se résoudre une des difficultés des sociétés modernes, l'alliance de l'énergie et des passions ardentes avec l'esprit d'ordre et de discipline. »

Eh bien ! il n'y a que la République qui puisse fonder établir la discipline civile, parce que, par essence, elle est l'ennemie des faveurs, des priviléges qui font les mauvais fonctionnaires et les mauvais magistrats.

En 1815, pendant que la France mutilée souffrait en silence, cherchant à guérir ses plaies, l'Europe attendait la réalisation des promesses royales, des lois en harmonie avec l'esprit et les besoins de l'époque. Mais les souverains pensaient bien plutôt à réprimer cet esprit et à étouffer l'expression de ces besoins ; ils avaient oublié les promesses faites au moment du danger.

Une vive opposition s'organisa en France, en Italie, en Espagne. Comprimés sur un point, des élans de patriotisme éclataient sur d'autres points. Comme Antée, le peuple, toujours terrassé, sortait de ces combats avec une force nouvelle...

« *Le géant qui renaît en mordant la poussière.* »

L'acte populaire de 1830 était prévu et annoncé.

La secousse retentit jusqu'aux extrémités du monde civilisé. La Belgique brisa ses chaînes; la Suisse, l'Italie, l'Allemagne, la Pologne s'émurent. L'Angleterre fit entendre des cris de réforme; l'Irlande secoua ses haillons, leva son front pâli — et espéra.

Les rois, éperdus, songèrent à la guerre de vingt-cinq ans, et, laissant le sabre au fourreau, ils ne s'appliquèrent qu'à étouffer chez eux l'esprit d'émancipation et à défendre leurs frontières contre l'envahissement de nos idées.

Cette marche des gouvernements étrangers se cache sous un semblant d'amour pour les peuples. Chaque pas en arrière est fait au nom des intérêts matériels...

Mais on sait, par expérience, quel est l'inévitable résultat de toute tension en sens contraire !

Les hommes ressemblent aux plantes; placez-les dans la case la plus obscure, c'est vers la lumière, et ne montrât-elle qu'un point, qu'elles s'élèveront.

Si la vie réelle était satisfaisante, il n'y aurait pas d'utopistes. L'utopiste est l'homme qui, plus délicatement organisé que la foule, ressent plus vivement les maux de la vie positive. C'est l'homme de sentiment qui devance la pensée vulgaire. Ce sont les utopistes qui ont doté l'Europe de toutes les belles idées qu'on a pu réaliser plus tard.

Une seule chose est impossible en politique : la résurrection. Des idées et des vues mortes ne sont pas plus à refaire que la neige fondue.

Ce qui est mort dans l'opinion, rien ne peut le faire revivre.

L'humanité est supérieure à ses intérêts.

Quand les hommes l'oublient, les femmes le leur rappellent, et la petite fleur bleue du sentiment perce la croûte du macadam.

Sérieusement, l'idéal a repris une place dans notre monde.

Un sage l'a dit : Quiconque a appris l'art de mourir est passé maître dans l'art de la vie. Avoir aimé, jeté une poignée d'or sur un tapis vert, croisé une lame sur une autre — et puis ?

Recommencer ? — A quoi bon ?

Un baiser ne peut être éternel.

LE JUGEMENT DE DIEU

Malgré les variations, pour ne pas dire les hésitations du parquet qui, tantôt a poursuivi l'auteur de la blessure seulement, tantôt les deux adversaires ; et qui, tour à tour, n'a requis qu'une simple amende, ou l'amende et la prison à la fois, la jurisprudence sur les duels est à peu près fixée.

Le duel n'est qu'une infraction de police ; il y a un tarif pour chaque blessure. Les Germains et les Francs pendaient les traîtres et noyaient les lâches ! mais ils recevaient les meurtriers à composition. Moyennant *deux cents sous*, monnaie du temps, on rédimait la vengeance et l'on payait la mort d'un homme libre.

Les tribunaux de police correctionnelle, originairement établis pour réprimer les délits forestiers, reçurent par extension le droit de gouverner la pensée. Ils furent ensuite investis du pouvoir de prononcer sur les affaires d'honneur !

Lorsqu'un préjugé s'est tellement mêlé aux habitudes d'un peuple qu'on ne pourrait plus le détruire sans altérer le caractère national, il n'y a plus qu'un parti à prendre, c'est de l'accueillir pour le diriger.

Mahomet commandait sous un climat brûlant, à un peuple guerrier, pour qui l'amour est un premier besoin ; il fit dans le Coran un précepte du culte des femmes ; il permit l'amour et défendit le vin. L'un devait dédommager de l'autre ; réunis, ils auraient affaibli, énervé ses hommes.

Lycurgue, ayant à former un peuple austère et guerrier, craignit, non sans raison, qu'il ne vînt à s'amollir par le contact de la femme. Il ordonna que les filles de Sparte lutteraient nues contre les jeunes gens. Il étouffait la pudeur pour émousser l'amour. Cet effort de législation sans exemple fut couronné d'un plein succès.

Un roi d'Égypte, possesseur d'un terrain fertile entre deux mers orageuses, et voulant détourner ses sujets des courses maritimes, mit la navigation au rang des sacriléges.

Lors des premiers temps féodaux, on se battait parce qu'il n'y avait pas d'autre moyen d'appuyer son droit. A l'aide d'un coup de lance, d'esponton ou d'épée, on prouvait la vertu des femmes, l'honneur des hommes, l'infaillibilité de l'Église et la suprême raison des rois.

On nommait jugements de Dieu ces tours de force, d'adresse ou de hasard.

Dans des temps plus modernes, le duel était devenu l'auxiliaire du despotisme. La bravoure et l'audace devaient avoir leur prix; places, considération, argent, il était commode de porter tout cela dans le fourreau de son épée, et plus aisé de prouver son aptitude par un instant de courage ou d'exaltation, que par une série d'actions louables et continues.

Une autre considération entretenait la fureur des duels; ils étaient une prérogative. Il n'appartenait qu'aux nobles de tirer l'épée; les vilains (et il y en avait beaucoup dans ce temps-là) étaient réduits au bâton.

La variété des doctrines, la différence des habitudes, les prétentions exclusives sont un aliment continuel pour les affaires d'honneur.

On se bat pour une phrase et le sang coule pour le triomphe partiel d'un système.

La cour de cassation a décidé « que le duel ne pouvait être assimilé au meurtre commis avec préméditation, que le Code qualifie d'assassinat et que la loi punit de mort; que l'assassinat, en effet, suppose une agression préméditée, *non concertée auparavant*, avec celui sur qui elle est exercée; et dans laquelle, s'il y a eu résistance, la défense n'est née que de l'attaque; que dans le duel, au contraire, il y a toujours convention antérieure, *intention commune*, réciprocité et simultanéité d'attaque et de défense; ce qui, dans l'opinion de la cour, exclurait toute idée de provocation... »

Toutes les autorités existantes ont *contourné* le sujet — sans succès. On a vu, chez les magistrats mêmes, les décisions les plus disparates et les arrêts les plus opposés.

Il est évident que ce conflit ne peut être évité que par l'intervention des jurés; eux seuls peuvent reconnaître les faits et spécifier les circonstances. Il n'y a rien à prononcer sur le fait matériel; la mort ou les blessures le caractérisent suffisamment; mais ce sont les circonstances qui ont nécessité le duel et qui peuvent le rendre plus ou moins criminel, qu'il faut démêler. Il n'y a qu'un jury fortuit et récusable qui puisse faire régulièrement cet examen : « *Les hommes de lettres et les hommes d'épée jugés par leurs pairs.* »

Quand il y a défaut d'unité des tribunaux et des lois, on rentre dans le champ de l'opinion publique.

Les jurys d'honneur seraient évidemment des tribunaux d'exception ; mais la justice excuse les combats quand ils ont eu lieu, et fait publiquement l'aveu de son impuissance à les réprimer.

Ne vaudrait-il pas mieux que des tribunaux spéciaux, créés expressément pour ce genre de délits, en connussent par attribution, plutôt que d'autres — par exception et *dans un sens opposé à leur institution?*

L'audience ne serait jamais publique et il n'y aurait d'autre procédure écrite que le jugement.

Sous la Restauration, le général Donadieu, revenant de Tours, se rendit le matin à l'hôtel du général Dejean, à l'occasion du bruit qui s'était répandu sur une discussion qu'il avait eue dans le salon du conseil des ministres. Il s'y présenta avec trois officiers d'un rang distingué. Le général Dejean avait réuni de son côté trois officiers du même rang. Ce jury, choisi par les parties, devait examiner, après avoir entendu le rapport des faits, s'ils étaient de nature à blesser l'honneur de part ou d'autre. Après avoir écouté les détails avec une grande attention, les six officiers déclarèrent que « l'honneur ne réclamait aucune sorte de satisfaction. »

Et les choses en restèrent là.

Tel est le jury français, le fier et inattaquable jugement des pairs.

S'il ordonne le combat, quelle qu'en soit l'issue, il ne doit y avoir lieu à aucune recherche.

S'il l'interdit, l'honneur est sauf, et tout est là.

Mais la justice peut-elle tolérer un meurtre, et la religion l'effusion du sang?

La justice fait plus que de tolérer ce meurtre, elle le qualifie de légitime défense. L'Église autorisait aussi les duels, puisqu'elle les nommait *jugements de Dieu*.

Si les souverains ont le droit d'armer un million d'hommes pour venger leurs querelles particulières; si ce grand meurtre politique, si cette vaste effusion de sang trouvent grâce devant le *Dieu des armées* et lui sont même un *parfum agréable*, pourquoi le même acte entre deux hommes qui seraient mus par le plus exquis des sentiments, celui de l'honneur, serait-il un crime?

Il y aurait à examiner si le projet de la formation des jurys d'honneur trouvait de l'écho dans la presse (quoique raisonnable et pratique), quelles pourraient être les peines prononcées?

Le choix du jury que je propose, outre qu'il peut seul terminer les affaires d'honneur, aurait encore cet avantage qu'il préparerait insensiblement la fusion des opinions diverses par l'exercice d'une fonction qui commande le calme et l'impartialité.

Les premiers essais pourraient être agités par l'esprit de parti; mais l'ascendant de la justice ne saurait manquer de dominer les intérêts, car tous les partis ont un égal besoin de justice.

Le duel est d'un usage courant et le « *mot* » ne figure même pas dans le Code pénal. Il est évident que le législateur n'a pas voulu se mêler de ce qui ne le regarde point. Son silence équivaut à un aveu.

En ce qui concerne les hommes de lettres, journalistes ou critiques, qui se battent la plupart du temps pour la galerie, une galerie qui les fait vivre! il en est peu qui récuseraient la décision de leurs pairs.

Le jour n'est peut-être pas éloigné où chacun en France sera jugé par ses pairs. Il va sans dire que je n'entends point parler des voleurs ou des assassins; mais dans les litiges de famille, dans les affaires privées, je me demande ce que peuvent faire des hommes institués pour la répression, pour le châtiment corporel — au point de vue de la conservation sociale, et qui, vivant en dehors des passions du grand nombre, sont peu aptes à les comprendre ou à les apprécier?

Combien d'affaires ne porte-t-on pas devant les tribunaux, faute de temps et faute d'argent!

La durée moyenne d'un procès civil en France est de quatre ans.

Voilà pourquoi on se bat.

Il n'y a aucune satisfaction à espérer du mécanisme actuel.

Les témoins s'achètent ; les avoués s'entendent; les avocats mesurent leurs dépenses oratoires à la surface du client. En un mot, ce n'est pas cela.

Maintenant, il y a compensation et compensation.

A la suite de la bataille meurtrière d'Essling, un journal dit : « Tout est réparé. »

— Même, lui demanda-t-on, les deux jambes du maréchal de Montebello?

— Oui, répondit le journal ; on l'a remplacé par un maréchal qui a les jambes entières.

LE JUGEMENT DES HOMMES

« Ne touchez pas à la reine ! » disaient les Espagnols de là Gauche.

« Ne touchez pas à la magistrature! » disent les Français de la Droite.

Qu'est-ce donc que la magistrature?

Le plus fort, le plus implacable, le plus acharné des pouvoirs.

Il y a bien des raisons de n'y pas toucher. Les unes explicables, les autres non.

Parmi les raisons explicables se trouve celle-ci : que la moindre critique de la magistrature est portée devant la magistrature elle-même; que, juge et partie dans la cause, elle n'hésite pas à considérer comme une offense la plus petite, la plus humble des observations, et à sévir impitoyablement contre l'imprudent qui a osé la regarder en face.

Chaque fois qu'un honnête homme est monté à la tribune pour demander qu'on apportât quelque amélioration à un système judiciaire qu'on n'ose critiquer qu'au delà des frontières, il s'est trouvé un imbécile pour crier : *Vous insultez la magistrature!*

L'orateur, terrifié, balbutiait quelques excuses, retournait à sa place et perdait régulièrement tous les procès que les premiers venus voulaient bien lui intenter.

Que faire? Se résigner et attendre un grand mouvement qui ne s'est pas encore produit.

Comment discuter, quand le sujet même était interdit? Prononcer le nom seul de magistrature, c'était attaquer la corporation.

Eh bien! Soit. L'*Europe entière nous l'envie.* Il n'y a pas un membre de ce grand corps qui puisse prêter à un soupçon, à une critique. Il n'y a jamais eu d'erreur judiciaire; jamais de jugement ou d'arrêt rendu sous la pression d'un gouvernement ou d'une société de Saint-Vincent de haussement d'épaules.

C'est à ce point qu'on demande pourquoi il y a des Cours d'appel et une Cour de cassation.

Partarrieu-Lafosse était un saint, Delesvaux un Dieu.

Il n'y a pas que le pape qui soit infaillible. Tout ex-étudiant en droit, tout chahuteur de la Closerie des Lilas devient infaillible aussi quand il a endossé la fameuse robe sous laquelle les sexes se confondent.

Prenons donc la question de plus haut.

« Lorsque le pouvoir, a dit Royer-Collard, chargé d'instituer le juge au nom de la société, appelle un *citoyen*... »

(Un citoyen? Royer-Collard est-il bien sûr de son fait? Enfin, va pour citoyen!)

« ... Un citoyen à cette fonction éminente, il lui dit : Organe de la loi, soyez impassible comme elle! Toutes les passions frémiront autour de vous, qu'elles ne troublent jamais votre âme! Si mes propres erreurs, si *les influences qui m'assiégent* et dont il est si malaisé *de se garantir entièrement...* »

(Il l'avoue !)

« m'arrachent des commandements injustes, désobéissez à ces commandements, résistez à mes menaces... »

(Comment ! Royer, tu aurais menacé ? Je n'aurais jamais cru cela de toi !)

« Quand vous monterez au tribunal, qu'au fond de votre cœur il ne reste ni une crainte ni une espérance. Soyez impassible comme la loi ! »

Le *citoyen* répond : « Je ne suis qu'un homme, et ce que vous me demandez est au-dessus de l'humanité. Vous êtes trop fort et je suis trop faible. Je succomberai dans cette lutte inégale. Vous méconnaîtrez les motifs de la résistance que vous me prescrivez aujourd'hui et vous la punirez.

« Le pouvoir hésite. C'est la nature du pouvoir de se dessaisir lentement de sa volonté. Éclairé enfin par l'expérience sur ses véritables intérêts, subjugué par la force toujours croissante des choses, il dit au juge : Vous êtes inamovible ! »

C'est très-gentil de la part du pouvoir, mais que dit-il au public ?

Les poules des amis du gouvernement ont

toujours eu raison contre les poules de l'opposition.

Le juge est inamovible; il n'a plus rien à risquer.

S'il penche du côté du pouvoir, il aura de l'avancement, il sera officier, commandeur de cette Légion (que l'Europe entière nous envie).

Si, au contraire, il reste indépendant, impassible comme la loi, on ne pourra pas le destituer, c'est vrai; mais il verra tous ses copains faire leur chemin, pendant qu'il restera stationnaire.

C'est humiliant. Sa femme lui dira:

— Tu vois, voilà Jules qui n'était que substitut il y a trois ans, et qui te passe sur le dos. Tu ferais bien mieux de te rallier carrément au pouvoir, j'aurais de plus jolies robes. Le préfet est froid avec moi, ça me vexe. Tu es une grande âme, mais tu n'es pas raisonnable. Qu'est-ce que cela te fait de condamner les journalistes? Quelle raison as-tu de ne pas séparer madame de Pienlair, qui a des parents influents, d'avec son mari, qui est brouillé avec toutes les familles régnantes? J'aurais mieux fait d'épouser un négociant.

L'homme est troublé. Il voit miroiter les faveurs. Le désir d'avancer le sollicite, le presse. Et puis, il aime sa femme, il adore ses enfants.

Comment les pousser, s'il ne se pousse pas lui-même ?

L'inamovibilité, inventée pour protéger les citoyens, finit par ne protéger que les magistrats.

C'est le pouvoir qui donne les grades. Ne mécontentons pas le pouvoir, et condamnons les poules des ennemis du gouvernement !

Beaumarchais, qui s'est montré fort solennel dans ses *Mémoires*, a traité ce sujet avec une naïve élévation :

« Les lois, *quelles qu'elles soient*, dit l'auteur du *Barbier de Séville*, doivent toujours exister en un lieu stable et sûr ; leur maintien et leur exécution être confiés à la garde d'un corps de dépositaires indestructibles (*quels qu'ils soient*), préposé à la conservation constante du contrat qui fait la sûreté du prince et de son peuple ; et voilà d'où naît le principe, autant disputé que peu connu, de l'inamovibilité nécessaire des magistrats.

« L'inamovibilité des magistrats n'est donc point un privilége de la magistrature, mais un bien sacré, appartenant en propre à la nation entière.

« Si les magistrats pouvaient être destituables à volonté ; si pour consommer l'injustice, le plus fort avait la ressource de destituer les magistrats qu'il n'aurait pu corrompre... »

(Il ne peut pas les destituer, mon cher Beaumarchais, mais il peut les reléguer dans un poste infime, ou les élever aux plus hautes dignités!...)

Continuons :

« S'il pouvait rompre ainsi la barrière qui sépare le juste de l'injuste, il ne resterait plus d'autre lien de la société, d'autre soutien de l'État, que l'absurde droit du plus fort.

« Tout homme qui a reçu le caractère sacré de magistrat, soit qu'il le tienne ou du prince ou du peuple... »

(Ah ! non. Nous demandons qu'il le tienne du peuple.)

« ... Ou de tous les deux à la fois, est un homme national et public, dont il importe à tous que la fonction soit constante, indestructible, inamovible enfin, à moins que par mort, démission volontaire... »

(Bien rare, ce cas-là !)

«... Ou pour cause de forfaiture jugée légalement... »

(Et comment la dénoncer, la forfaiture ! A qui s'adresser? A quel huissier? A quel avoué?)

«... Il ne soit enlevé à cette fonction sacrée. »

Tout cela, c'est joli sur le papier ; mais il y a tant de poids et tant de mesures, qu'on finit par ne plus s'y reconnaître.

De l'avis unanime des honnêtes gens de tous les partis, de l'avis même des honnêtes gens de la magistrature, c'est-à-dire de la magistrature tout entière...

(Je crois que cette phrase me sauve ?)

Il y a *quelque chose à faire.*

Eh bien ! faisons-le.

Qu'on s'arrête au mode électif, à l'avancement sur place, à ce qu'on voudra, mais qu'on change un mécanisme qui a donné lieu à des étonnements aussi nombreux que bien fondés.

Le pouvoir d'un président d'appel, par exemple, est incroyable.

C'est l'absolutisme dans toute sa beauté.

En quelques mots, il jette à bas le jugement de première instance. Il s'agit de votre nom, de votre honneur, de votre héritage, de votre pain...

Et cet homme peut avoir quelque motif de haine ; — ou bien, il peut se tromper, — et c'est fini ! fini pour toujours.

Il y a chose *jugée,* c'est-à-dire un mur de pierre et de fer autrement lourd et inexorable que le marbre du tombeau !

La cassation ? mais il faut des cas ; il ne s'agit que de la forme, et la forme peut être inattaquable.

Qui donc nous donnera une cour d'*équité*, jugeant au-dessus de la Cour d'appel ?

La question judiciaire est la plus grosse de toutes les questions.

C'est le nuage noir qui porte la foudre dans ses flancs.

Tout le monde en parle, tout le monde s'en inquiète,

Il faut que son jour arrive.

C'est pourquoi j'ai timidement abordé un des côtés de la question, heureux et fier d'avoir su parler de la magistrature avec tout le respect dû au jury.

C'EST LA CANAILLE !

L'Assemblée de 1871 avait habillé à crédit les trois monarchies qui ont eu cours en France pendant plus ou moins de temps.

La belle Bourbonnaise était vêtue d'un peignoir blanc qui rehaussait ses charmes ; la jolie parfumeuse de Juillet portait une toilette bleue rehaussée de franges d'argent, et la courtisane du Deux-Décembre était à peine couverte d'une chemise de dentelle, avec un aigle dans les cheveux.

L'Assemblée se frotta les mains, cria :

— Toutes les monarchies au salon !

Et dit au pays :

— Faites votre choix.

Le pays demanda la République.

— Elle n'est pas ici, répondirent d'un air confus Chesnelong, Lucien Brun et Mangin-Latour.

Le pays reprit :

— C'est elle que je veux.

Voyant qu'il n'y avait pas moyen de faire autrement, l'Assemblée, qui tenait à toucher les impôts pour la maison et les contributions indirectes pour les gants, promit la République pour le lendemain.

On l'attend encore.

La France est en République comme une femme est en couches. Le petit n'est pas né.

Le médecin, la nourrice sont là; mais à peine les Gauches ont-elles apporté une layette que les Droites s'emparent qui d'un petit bonnet, qui d'un maillot.

Il y a des enfants qui naissent à sept mois; il est à craindre que la République ne naisse qu'à sept ans.

Je lisais hier, dans un journal que je ne veux pas nommer, de peur que cela ne me fasse venir de petits boutons sur la langue : « Il faut combattre le socialisme. »

De tous les imbéciles qui veulent combattre le socialisme, il n'y en a pas deux qui sachent seulement ce que c'est.

Le socialisme est la recherche et l'application des améliorations possibles au sort de l'humanité.

Le mot est récent. Louis Reybaud l'a introduit dans la langue française en 1836, et c'est la *Revue des Deux Mondes* qui l'imprima pour la première fois.

« Dans toute société, disait Reybaud, qu'elle se porte en avant ou qu'elle recule, s'opèrent des modifications plus ou moins profondes qui, sciemment ou à son insu, agissent sur son économie. En apparence, elle reste la même; en réalité, elle est chaque jour entamée par des changements. C'est le travail naturel des civilisations. L'honneur d'une génération est d'ajouter quelque chose à ce qu'elle a reçu et de le rendre amélioré à la génération qui lui succède. »

Vous voyez qu'il y a loin de là au système des conservateurs.

Ceux-ci disent : Nos pères ont-ils vécu d'une certaine façon, sous l'empire de certaines lois et de certains préjugés?

— Oui.

— Avons-nous pu venir au monde dans ces conditions et nous y maintenir?

— Oui.

— Alors, pourquoi changer?

Je suis de ceux qui pensent que nous avons vécu jusqu'ici sous le poids d'un malentendu qu'il est urgent de faire cesser. Notre civilisation est une ébauche et notre législation une camisole de force.

Il n'y a pas besoin d'aller bien loin pour trouver les preuves à l'appui.

Ce matin même, le facteur me remet une circulaire.

BUREAU DE BIENFAISANCE

du 11e arrondissement.

M.

« Le bureau de bienfaisance du 11e arrondissement vient faire appel à vos sentiments charitables en faveur de ses pauvres.

« Notre arrondissement compte 170,000 habitants et renferme une nombreuse population ouvrière.

« Notre assistance s'applique à 15,000 indigents, à un nombre presque égal de nécessiteux, à 6,000 malades et à 2,000 femmes en couches; enfin, nous comptons un pauvre sur quatre habitants.

« Ces chiffres expliquent suffisamment nos

préoccupations de chaque jour et nos craintes de ne pouvoir réaliser les ressources nécessaires pour soulager des infortunes aussi nombreuses.

« (*Signé*) LE MAIRE, LES ADJOINTS, etc. »

Soixante mille indigents dans un seul arrondissement de Paris !

On ne me fera jamais croire que ce soit là un état social digne d'être *conservé*.

Et cependant, il y a déjà une amélioration sur les anciens régimes ; un pauvre sur quatre habitants, c'est relativement peu. Sous Louis XIV, sous Louis XV, il y avait un riche sur dix mille *sujets*, et cent quarante-neuf pauvres sur cent cinquante habitants.

Il y avait un patron, le roi, à qui tout appartenait, et des contre-maîtres, les nobles, qui vivaient de ses miettes.

La tête à perruque qui s'écriait bêtement : La France, c'est moi ! aurait bien dû s'apercevoir du contraire, quand la France allait livrer bataille dans le Roussillon, dans le Palatinat et dans les Pays-Bas, sans qu'il eût quitté son palais et ses maîtresses !

UNE PAROLE DE JÉSUS-CHRIST

Ce n'est plus le temps où tout finissait en France par des chansons. Depuis la fin du dernier siècle, l'esprit humain s'est porté plus haut et plus loin que n'ont fait nos armées, et les conquêtes de la pensée sont durables. Les masses guerrières avancent ou reculent; les lumières pacifiques vont toujours en avant, et le canon ne peut les arrêter. Si la presse eût existé lors de l'invasion des Barbares en Occident, qui oserait dire que la barbarie eût enserré le monde pendant quatorze siècles?

Grâce à l'imprimerie, la civilisation ne peut rétrograder; il n'est plus de digue pour le torrent des idées, et si une invasion des Barbares est encore possible, celle de la barbarie ne l'est plus.

C'est chose rare aujourd'hui que l'intervention de la morale dans les combinaisons politiques.

En cette époque d'incertitude et d'appréhension, qui se terminera par un régime *imprévu* de tous les partis, chacun travaille évidemment, ostensiblement, impudemment pour soi.

Calomnier d'abord l'adversaire, le discréditer dans l'esprit public; puis, quand on a créé un monstre absolument imaginaire, demander sa mise en accusation : tel est le système récemment inventé.

Les nationalités ne périront point; mais à une condition : c'est que, désormais, l'unité et l'indépendance nationales marchent de concert avec la liberté individuelle.

On devrait enfin comprendre que toute la grandeur de la France consiste dans ce sentiment que la liberté intérieure et l'indépendance au dehors sont identiques dans leur essence. Il serait temps de reconnaître et de s'avouer à soi-même, que les Français sont devenus les chefs et les moteurs de la civilisation, non parce qu'ils proclamaient des principes de liberté, mais parce qu'ils les proclamaient *comme nation*, et les soutenaient de tout le poids de leur nationalité.

C'est ce levier, notre force suprême, que les réactionnaires tentent de nous arracher aujourd'hui.

Il semble que la France soit, de nouveau, en état de formation.

Mais quelle que soit la poigne qui nous prenne

à la cravate, nous n'avons rien à craindre de l'avenir.

S'il nous faut souffrir encore, c'est que, sans doute, nous n'avons pas assez souffert.

La France n'est vraiment grande que dans le malheur ; elle ne se purifie et ne s'élève que par ses désastres.

Les institutions politiques qui nous sont indispensables prendront naissance à une époque où les théories de la science sociale ont déjà acquis un très-haut degré de développement. C'est là ce qui doit rassurer les amis de la cause populaire.

Aux États-Unis, les institutions se sont établies sur un sol encore vierge, dans un espace libre, sur une table rase.

Il est résulté de là que l'hypothèse d'un pacte social a pu y prendre une réalité positive ; que le gouvernement qui en est dérivé est demeuré strictement fidèle à son principe.

Si cette condition fondamentale introduit une différence essentielle entre la constitution des États-Unis et celle des vieilles nations de l'Europe, les circonstances qui se rapportent à la situation géographique, au mode de distribution de la population, déterminent d'autres différences non moins importantes.

Il n'existe aucun peuple civilisé qui jouisse du bonheur d'être bien gouverné à moins de frais et avec un moindre sacrifice de liberté privée.

Considéré dans son principe fondamental, le gouvernement de l'Union est une démocratie représentative, dans laquelle l'égalité des droits et la liberté de toute domination appartient à chaque citoyen. Le peuple qui s'est donné sa constitution se donne aussi ses lois; tout procède de la volonté générale ; celle-ci s'exprime par l'organe des délégués librement choisis et *fréquemment renouvelés.*

Les États-Unis n'ont connu ni le gouvernement patriarcal, ni le gouvernement sacerdotal, ni la féodalité, ni le despotisme ; ils ont résolu le problème dont l'histoire de tous les siècles et de tous les pays n'avait pas encore offert la solution : celui d'un gouvernement populaire établi dans un vaste territoire; ils ont réalisé les abstractions de la théorie sur l'organisation sociale.

Les États-Unis n'ont pas encore vu d'exemple de crime de haute trahison ; ils n'ont pas eu besoin de loi spéciale sur la liberté de la presse ; ils ont établi entre l'État et l'Église une séparation absolue, jusqu'alors inconnue dans tous les pays.

Et enfin, un article de la constitution permet au plus simple particulier de faire valoir ses droits contre la société tout entière.

Les cours de justice, en présence d'une constitution écrite, se trouvent par le fait juges de la légitimité des lois ; car elles peuvent, dans leurs arrêts, absoudre ceux qui les ont violées !

A voir le renouveau des farces royales et ministérielles dans une France provisoirement vaincue et diminuée, on se demande si les nations doivent toujours être mystifiées avant de jouir d'un grand bienfait.

Le dix-neuvième siècle n'a rien à envier aux mystifications du passé. Nos mystificateurs sont les plus subtils, les plus persévérants de tous les hommes.

La politique est détournée de sa mission ; elle se débat vainement dans les cloaques diplomatiques.

Il est incontestable que la légitimité était beaucoup moins irrationnelle que ces je ne sais quoi qui lui ont succédé. La légitimité était une momie couverte de dorures. Il y avait, pour adorer et servir cette pagode, des âmes taillées sur un vaste patron, généreuses et bienveillantes par devoir, par héritage, par tradition.

Dans le faux, la légitimité était encore ce qu'il y avait de moins absurde ; mais, après tant d'efforts, après tant de secousses, nous ne serions arrivés qu'à ceci : N'être ni roi ni peuple !

Nous ne sommes donc que des mineurs en politique !

Chartes et Constitutions n'ont été qu'une fausseté continue, inventée par des gens qui étaient juges et parties dans leur cause. Il n'en est jamais sorti qu'un désir de vengeance, une sainte colère contre ceux qui les avaient dictées ou ordonnancées.

Voici la vérité, scellée par le sang de plusieurs millions d'hommes : toutes les fois qu'un peuple, opprimé dans ses droits, connaît la violation dont son gouvernement se rend coupable, la conscience de ces droits devient d'autant plus forte que les violateurs sont plus obstinés à les lui enlever.

Il faudrait méconnaître l'histoire pour nier que l'instruction des Français ait été une des causes de la Révolution. Sans cette instruction, sans la conviction ferme qu'un pareil état de choses ne pouvait plus subsister, la Révolution française aurait été une simple émeute.

Mais l'instruction n'est pas la *cause coupable.* La véritable cause, c'est l'obstination de ceux qui méprisent la voix du peuple et qui continuent à le léser dans ses droits.

Que faire parmi tous ces écrits périodiques et journaliers qui continuent les innombrables non-sens du passé, combattant sans relâche pour de détestables fictions?

Après avoir vingt fois tenté l'escalade, oppressés, pantelants, en serons-nous réduits à nous écrier comme le prophète crucifié :

« Animez-moi d'une force céleste, afin que je ne sois pas maîtrisé par le vieil homme ! »

LES PREMIERS CHRÉTIENS

Les peuples, dans leurs plus grands excès, n'ont jamais approché, n'approcheront jamais de la profonde immoralité de ceux qui se croient tout permis, parce qu'ils regardent le pouvoir et les prééminences sociales comme *leur propriété*.

Les questions de cabinet paraissent bien peu de chose à côté des graves et éternels sujets qui devaient occuper entièrement le patriotisme des représentants de la nation.

On joue au volant au lieu de tailler des pierres!

S'il est vrai que la fin d'une société soit le bonheur des membres qui la composent, les seules doctrines sociales sont évidemment celles qui substituent le droit à la force, la vérité aux illusions, l'égalité aux préférences arbitraires.

Pourvoir aux besoins des hommes, adoucir leurs maux, resserrer les affections bienveillantes qui doivent les unir, voilà sans doute le but, l'unique but des sociétés humaines.

Les premiers chrétiens ne furent que les radicaux d'une autre époque.

Le christianisme apparut dans la décadence d'un vaste empire qui s'écroulait sous le poids de sa fortune; qui, écrasé sous les dépouilles du monde, se précipitait dans la tyrannie.

Les richesses de l'univers avaient passé dans quelques familles; l'univers lui-même était aux mains d'un maître absolu. L'énormité des fortunes avait tué les mœurs; le despotisme avait tué les lois. Plus de barrière à l'oppression, plus de frein à la dépravation. Le sang des hommes était prodigué par des tyrans atroces, des fous.

Les bassesses de la servitude allaient au-devant des affronts du pouvoir; la société tombait en dissolution, et la civilisation expirante se débattait contre une barbarie sans grandeur et sans énergie.

C'est alors qu'un nouveau culte s'élève; il vient relever les mœurs, proclamer les doctrines de l'égalité et réprimer l'orgueil des contempteurs de l'humanité.

De même, la philosophie vint après les demi-nuits du moyen âge, et lorsque la société, arrachée de ses bases naturelles, n'était plus qu'un édifice de mensonges; l'homme était une propriété qu'exploitaient des maîtres orgueilleux ; la superstition avait presque détrôné la religion ; l'intolérance élevait ses bûchers; mille institutions barbares, la servitude, la torture désolaient l'humanité.

La philosophie fit pour le genre humain ce qu'avait fait le christianisme à sa naissance ; elle ramena la société vers les principes du droit naturel, elle réclama contre les abus, combattit le fanatisme. A son tour, elle invoqua l'égalité sociale, elle adoucit la férocité des lois, elle établit la tolérance, protégea les sciences et les arts, encouragea l'industrie, patrimoine du pauvre, et donna le modèle de ces constitutions qui, fixant les bornes légitimes de tous les pouvoirs, préviennent à la fois les excès du despotisme et les excès de l'anarchie.

Le christianisme avait proclamé que tous les hommes sont frères, qu'ils sont astreints les uns envers les autres aux mêmes devoirs. Il avait été le cri de la faiblesse contre l'oppression, de la miséricorde contre la barbarie, de la nature contre les vices d'un ordre social monstrueux. Le socialisme, qu'est-il autre chose ?

La philanthropie a détruit les prisons d'État, aboli la torture, donné des défenseurs aux accusés, proclamé la publicité des jugements criminels, consacré le jugement par jury, supprimé une foule de priviléges vexatoires, délivré le peuple des campagnes de la servitude de la glèbe, des corvées, des champarts ; affranchi l'industrie, réformé la jurisprudence barbare des chasses et des gabelles.

Elle a établi la liberté de conscience, appelé tous les citoyens aux emplois publics, émancipé la pensée ; appelé la science à créer pour le genre humain de nouveaux moyens de bonheur, et mis le comble à ses bienfaits en les plaçant sous l'immuable garantie des lois constitutionnelles.

Mais ces conquêtes, si lentes et si coûteuses, sont encore menacées par l'égoïsme et l'ambition des aventuriers de la politique. Il y a une race indécrottable, obstinée, stupide, qui espère arrêter la locomotive en jetant des amulettes sous les rails. Habitués à manger au budget, de père en fils, ces gens-là ne peuvent se décider à lâcher leur proie. Ils se cramponnent aux emplois grands et petits, et, quand leurs doigts sont engourdis, ils s'y retiennent avec les dents.

Toujours les mêmes !

Rien ne les touche, rien ne les éclaire.

Ils se sont acagnardés dans toutes les fonctions, et il faudrait le forceps pour les en tirer.

D'autres hommes poursuivaient l'idée humanitaire à travers les persécutions, les calomnies, les outrages.

Le socialisme suscitait une génération d'écrivains, adversaires éloquents de l'intolérance, des préjugés et des institutions oppressives. Chez eux tout dérive de la même source, tout porte le même caractère, l'enthousiasme du bien, la noble passion de l'humanité.

Un dernier trait complète le rapport du christianisme avec le socialisme. Tous deux eurent à vaincre des résistances opiniâtres, des oppositions puissantes, des préventions obstinées ; tous deux eurent à triompher de la coalition des intérêts illégitimes, et, forts de l'assentiment des peuples, tous deux se seront affermis sous les persécutions ; tous deux auront grandi sous les injures et consommé l'œuvre d'une régénération nécessaire.

La foi chrétienne lutta dans sa naissance contre la fausse sagesse et la science mensongère des Pharisiens ; combien de notions fausses, de *sciences de mensonge* le socialisme a-t-il encore à dissiper avant de s'établir !

Le retour à l'ordre naturel, la diminution pour le genre humain des causes de souffrance, la volonté d'opposer une barrière au progrès excessif de l'inégalité, de diriger les institutions publiques vers le bien de la société, c'est tout le programme.

Et nous voyons bon nombre de gens qui se disent les appuis de la religion déclamer incessamment contre l'égalité, contre la tolérance, contre les institutions démocratiques et les idées sociales. Qu'en faut-il conclure ? qu'ils cachent sous le manteau d'une hypocrite affectation des intentions très-mondaines, des appétits dangereux, et que, au fond, ils ne sont pas plus religieux qu'ils ne sont libéraux, pas plus chrétiens qu'ils ne sont démocrates.

FIN.

TABLE DES MATIÈRES.

FIN DE LA TABLE DES MATIÈRES.

2751 — Corbeil, typ. et stér. de Crété.

www.ingramcontent.com/pod-product-compliance
Ingram Content Group UK Ltd.
Pitfield, Milton Keynes, MK11 3LW, UK
UKHW020103200726
13856UKWH00002B/359

9 782012 466753